教育，

可以做出幸福的味道来

张国强 / 著

中国出版集团　现代出版社

图书在版编目(CIP)数据

教育，可以做出幸福的味道来 / 张国强著. —北京：
现代出版社，2020.9

ISBN 978-7-5143-8863-3

Ⅰ.①教… Ⅱ.①张… Ⅲ.①中小学—教育研究
Ⅳ.①G632.0

中国版本图书馆CIP数据核字（2020）第184196号

教育，可以做出幸福的味道来

作　　者　张国强

责任编辑　张桂玲

出版发行　现代出版社

地　　址　北京市安定门外安华里504号

邮政编码　100011

电　　话　010-64267325　64245264

网　　址　www.1980xd.com

电子邮箱　xiandai@cnpitc.com.cn

印　　制　北京政采印刷服务有限公司

开　　本　710mm×1000mm　1/16

印　　张　10.25

字　　数　185千

版　　次　2022年6月第1版　　2022年6月第1次印刷

书　　号　ISBN 978-7-5143-8863-3

定　　价　48.00元

用心品味教育的幸福

看到张国强老师《教育，可以做出幸福的味道来》这个书名，也许会让不少班主任感到奇怪：平时的工作那么繁忙和辛苦，哪有多少幸福可言？可如果真读了这本书，就会感到做教育虽然有苦，但更有乐，久而久之，还会生出一种挥之不去的幸福感。

张老师爱学生，而且会爱学生，不但让学生感受到了他的爱，还能听到学生爱教师的精神回响。有的班主任很难抵达这样的境界，他们也爱学生，可是往往不会爱。有的时候，学生还会对其爱心生抵触，以至于教师之爱像长江之水付诸东流。

读这本书，品味张老师的班级管理艺术，可以让不少班主任走出尴尬的境地，步入爱与被爱的美好天地里。张老师不是一名传统意义上忙碌而辛苦的班主任，而是一名会唱歌且常唱歌、会作诗又常作诗的班主任。这是他的才华，但又不是他做好班级工作的核心元素。爱心永存、童心荡漾才是他成为优秀班主任的核心所在。他喜欢学生，学生在对他爱之弥深的时候，也更尊重他。这恰恰是其走进学生心灵、做好班级工作的密码。同时，张老师非常善于学习，对《论语》等经典也颇有研究。更可贵的是，他是知行合一者，真正做到了"知者行之始，行者知之成"。比如《论语》中的有教无类、因材施教、学而不厌、诲人不倦等，他在认真学习的同时，已经行走在了实践的路上，并取得了可喜的成绩。

《山东教育报》曾给他开设四年专栏，从中可以看出他非同一般的班级管理智慧。对于学生提出的各种各样的疑难问题，他的回答无一不切中肯綮，这种功夫绝对不是短期内可以修炼成的。

　　书中收录了他与学生及学生家长的往来书信，读来让人感动不已。他给学生写信，学生也给他写信。正是这些信让我们看到，他们之间无话不谈。没有充分的信任，学生是不可能如此"放肆"的。张老师的爱流淌于字里行间，智慧也随处可见。有些学生的某些秘密未必会向家长或同学透露，却向他敞开心怀。正是在这些书信交往中，一些棘手的问题迎刃而解。这首先需要真诚，学生向老师袒露心迹，老师也向学生敞开心怀。同时，老师尊重学生、相信学生尤其重要，即使一般人认为"不可救药"的学生，张老师也可以发现其身上的闪光点。在他看来，学生出现某些问题甚至有时搞恶作剧并非是离经叛道之举，而是青春期躁动的特殊表现形态。从积极的方面看，恰恰彰显了学生朝气蓬勃与激情四射的特点。有了这种认识再解决学生的问题，自然也就有了一把万能钥匙。读读学生的来信，就会知道他们是多么信任张老师，多么希望得到他的引领。一个学生遇到这样的班主任，绝对是一生的幸福；而张老师走进这样的学生的心里，也自会有幸福女神频频光临。

　　张老师的家庭教育理念与智慧是这本书中的瑰宝。他与家长们的书信往来构成了一道家教的精神风景线。家长都爱自己的孩子，可有的家长未必知道如何去爱，如果爱之不当，非但让孩子感受不到爱，甚至会心生反感，以致与父母产生矛盾。为此，张老师开设家庭教育讲座，让很多家长大为受益。同时，他还通过给家长写信，交流学生遇到的问题及解决方略，并"合谋"对学生施以有效的教育。给有些学生的信写得很多，比如《走近天效》就有9封之多。这要耗费多少时间我们不得而知，但能如此而为，需要的不只是爱心，还要有热心与耐心。也许有人认为这太苦、太累了，可他却乐此不疲，视之"是件幸福的事儿"。当一位老师真爱学生且让其更好地成长的时候，老师为之所做的一切工作就都有了意义，自然也就有了心灵的快乐。张老师解决了很多学生的问题，也让不少家长学会了教育孩子的方法。这项工作日复一日、年复一年，他不是在坚持做，而是在快乐地做、幸福地做。可见，"爱并快乐着"才是班主任工作的至高境界。

那些依旧忙忙碌碌却又心力交瘁的班主任如何才能达到张老师的境界呢？路径非止一端，可好好地读读这本书，也许可以缩短自己的行程，终生徜徉在班级工作的幸福之中。

陶继新

2020年6月21日于济南

教育，原来可以做得这样有滋有味

2018年12月6日上午，在青岛市城阳区浙江大学名师成长培训班上，我初识张国强老师：低调平和，满面善意，一开口，熟悉的乡音夹带着亲近感扑面而来。我们这就算相识了。当天中午，我又收到国强老师的信息，说是要拜我为师。我百般推辞、千般告饶、万般退缩，终于换他一句下台阶的话，这事就算撂下了。后来我好奇地百度了一下"张国强"，在众多影星的写真照中，我一眼认出了刚刚认识的这个"张国强"，再点进去细细研究，发现国强老师其实是个大人物，工作业绩突出，论著丰富，在班主任工作领域有着非常广泛的影响力。于是暗自庆幸：幸亏刚才立场坚定，否则答应了以后再反悔，委实难堪。

时光荏苒，接下来的元旦、春节、劳动节、国庆节，我都会收到国强老师的祝福微信，我也会礼貌性地回复，从未缺礼。但每次都让一位长我几岁的老师先行问候，其实已经是我的不礼貌了，所幸国强老师从未表达过不快。2020年6月10日，我收到国强老师发来的书稿《教育，可以做出幸福的味道来》，嘱我写几句话。这一次，我没有任何推辞就答应下来了。可是，真要动笔写，却并不轻松。这20多万字的书稿，与我们惯常采用的学术化写作不同，其文字松散却灵动、鲜活，跃动着教育特有的生命感。其中有诗，有散文，有通信，有短评，是国强老师丰富的教育教学工作，尤其是班主任工作的多视角立体化呈现。在断断续续的阅读中，我好几次想从里面梳理出一个结构来，结果每次都发现不可能。对"结构"的偏好，其实是这几年过度沉湎于理论逻辑落下的"病根"。我索性放下任务心，来了一番"扎根"式阅读。于是，我慢慢地在文字中品味到国强老师所说的幸福的味道。这种幸福的味道，在国强老师的诗文中，在他感悟学生成长拔节的敏感性中，在他与学生的通信中，在他收到听了他的经验介绍而受益的听众的信而生出的成就感和自豪感中……读他的书，最好先放下自己的偏好，跟着他的文字旅行，说走就走，想停就停。某些文字、某些情节，如同旅行中不期而遇的路边野花，分散在草丛中，让人不忍涉足。但真正俯下身子来细细鉴赏时，却又发现它仿佛就隐没在草丛里，淡雅、朴素，不突兀、不显摆，与周遭的环境融为一体。

愿国强老师把教育做得越来越有味道，把幸福带给更多的学习者。是为序。

孙元涛

2020年6月19日于杭州

序言

目录

01

第一辑

我们离幸福还有多远

酸酸甜甜就是我

都说教育不好做

做好了更是难

都说教育也有甜

可甜里面它裹着酸

用爱和智慧来全程陪伴

都是成长和笑脸

童心和宽容装满心间

没有愁来没有烦

站得高才能看得远

教育规律记心间

气也顺那个心也宽

幸福生活比蜜甜

　　这是我根据歌曲《冰糖葫芦儿》改编的一首教育歌曲《酸酸甜甜就是我》，比较形象地反映了老师做教育的现实存在。在今天现实的教育生活中，如果让老师谈一下做教育的体会，忙、累、烦可能会是不少老师的感受。的确，教育工作是很辛苦的，更多的是累心，所以很多老师很难体会到做教育的快乐和幸福！而作为一个从事教育工作30年，尤其是近10年专门带问题班级，有教育转化后进生经历的老师，我想说：教育，可以做出幸福的味道来。

现实生活中，对于做教育是否是幸福的，应该说观点纷呈，莫衷一是。幸福在哪里？我们为什么会不幸福？

做教育，我们为什么不幸福

一、我们有教育理想吗

在现实教育中，很多老师都在诉说着教育的无奈和无助，都在诉说着无法前行的种种理由，都在强调无法坚持的各种原因。其实说开来，就是这些老师还没有自己的教育理想，或者说教育理想不是很清晰，而是比较模糊或朦胧。

教育理想是方向。作为老师来说，如果没有自己的教育理想，就无法认清前行的方向。在平时和老师的交流中，我经常会说："前行需要勇气，拐弯需要智慧。"是的，只有知道自己该往哪走的人，才会有往前走的勇气。记得我真正想走上班主任这条路，是2000年考入实验中学时。从那时开始，我就有了非常清晰的奋斗目标，那就是一定要在班主任领域做出自己的特色，取得骄人的成绩。所以，直到现在，我仍然坚持行走在这条绿荫大道上，欣赏着教育独有的亮丽风景，享有着教育特有的幸福，期待着更美的诗和远方。

教育理想是动力。拥有教育理想的老师，在平时的教育工作和生活中才会有使不完的劲，即使再苦再累，也感觉没有什么。就像当年带"跨栏班"时我回复学生的"跨栏日记"一样，虽然每天是真的很累很累，办公室的同事们也劝我要注意身体，可是只有我心里知道自己到底想要什么，所以当时我并没有感觉到苦和累。相反，在和学生的心灵对话与中，我会为可以分享学生的快乐而开心，为可以指导和排解学生成长过程中的困惑与烦恼而欣慰。

记得一位俄国诗人曾这样说："为了看见太阳和苍茫无际的蓝天，我来到这个世界；为了看见太阳和巍巍群山的峰巅，我来到这个世界……假如白昼竟然消亡，我还要歌唱……我还要歌唱太阳，在我生命弥留的时光。"

是啊，有了这种对光明的期盼，有了这种对教育的渴盼，我们才会在教育工作中更有激情、更有热情。这就要求我们既要埋头苦干，又要抬头看路。我们拥有的教育理想，就是我们一直前行的指路明灯，就是我们幸福教育的美好起点。

二、班级是个什么地方

多少班级
能让孩子欢喜
我们在追求什么
为了升学
差生随意抛弃
都是因为那成绩
一年过了一年
素质教育难实现
班主任更作难
擦干心中的血和泪痕
留住教育的根

根据歌曲《把根留住》，我改编了教育歌曲《留住教育的根》。在大力施行素质教育的今天，很多教育工作依然很难摆脱应试教育的束缚，或多或少会有应试教育的影子，所以不时会出现依据成绩排队的各种现象，教室也不自觉地成为学生"拼杀"的战场，离我们心中的那份教育美好还有一段距离。在学生成长的过程中，成绩不是唯一，还有各种品质需要培养，还有健康心理需要培育，诸多方面都需要发展。

记得有位校长在我做讲座之前曾和我交流过一个问题：为什么学生宁愿

待在宿舍里也不愿意去教室？我说："你们有没有找一下原因，有果就有因呢。"所以，作为班主任，很有必要思考："班级到底是个什么地方？学生为什么不愿意待在教室？"也就是说，我们的班级、我们的教室，学生喜欢吗？

《第56号教室的奇迹》这本书，相信不少老师都读过。整本书给人的感觉特别朴实、纯真，分享着教室里的故事，没有空话、套话。书的主人公雷夫就是一位平凡的老师，但是他却用独特的教育方式把学生变成了喜欢学习和快乐成长的天使，用热情的教育态度把教室变成了师生温暖的家，经历着有意义的人生。

因此，作为班主任，我们应该努力让教室成为学生快乐、健康成长的精神家园。

三、教育，何时才不一厢情愿

"当前，我们的班主任工作之所以投入巨大而效果不佳，原因往往在于其遵循的只是教育学的逻辑、教师的逻辑，而忽略了学生的成长实际和内在需求。如此，即使目标再伟大、路径再丰富、方式再巧妙，班主任工作最终都难免成为自己的狂欢。"北京《教师月刊》主编林茶居先生如是说。

是啊，现实的教育的确如此。试问，有多少老师、多少班主任真正在做教育？真正一切从学生的学习实际和生活实际出发？

说实话，现实中不少老师的补课、班主任的教育、各种各样的辅导班，这些努力往往证明这仅仅是老师或家长的一厢情愿，效果一般不会很大。而且，在不少学生的消极应付中，老师的信心、耐心和宽容心都被消磨殆尽，甚至失望情绪与日俱增。

所以，走近学生，走进学生的生活，走进学生的心灵，是做好教育的重要前提和基础。走心的教育才是真正的教育，这是作为班主任要教育好学生的必然选择！

四、教育，请别再瞎忙

我曾经读过一个关于"禅"的故事，主题是"有一种失败叫瞎忙"，这个故事还有一个比较诗意的名字——《寻找自己生命里的核桃》。故事说在一个山谷的禅房里有一位老禅师，他发现自己有一个徒弟非常勤奋，不管是去化缘还是去厨房洗菜，这个徒弟从早到晚忙个不停。

这个徒弟忙得眼圈越来越黑，内心也越来越痛苦，有一天他终于忍不住来找师父。他对老禅师说："师父，我太累了，可没见有什么成就，这是什么原因哪？"

老禅师沉思了片刻，说："你把平常化缘的碗拿过来。"小徒弟就把那个碗取来。老禅师说："你把它放在这里，再去拿几个核桃过来把它装满。"小徒弟不知道师父的用意，捧了一堆核桃进来。十来个核桃一放到碗里，整个碗就都装满了。老禅师问小徒弟："你还能拿更多的核桃往碗里放吗？""放不了了。这碗已经满了，再放核桃就该往下滚了。""哦，碗已经满了是吗？你再捧些大米过来。"小徒弟又捧来了一些大米，他沿着核桃的缝隙把大米倒进碗里，竟然又放了很多大米进去。一直放到大米开始往外掉了，小徒弟停了下来，突然间好像有所悟："哦，原来碗刚才还没有满。""那现在满了吗？""现在满了。""你再去取些水来。"小徒弟又去拿水，他舀了一瓢水往碗里倒，连缝隙都被填满了。老禅师问小徒弟："这次满了吗？"

小徒弟看着碗满了，却不敢回答，他不知道师父是不是还能放进去东西。老禅师笑着说："你再去拿一勺盐过来。"老禅师又把盐化在水里，水一点儿都没溢出去。小徒弟似有所悟。老禅师问他："你说说这说明了什么呢？"小和尚说："我知道了，这说明了时间只要挤挤总是会有的。"老禅师却笑着摇了摇头，说："这并不是我想要告诉你的。"接着老禅师又把碗里的那些东西倒回到了盆里，腾出了一只空碗。老禅师缓缓地操作，边倒边说："刚才我们先放的是核桃，现在我们倒着来，看看会怎么样？"老禅师先放了一勺盐，再往里倒水，倒满之后，当再往碗里放大米的时候，水开始往外溢了。而当碗里装满了大米的时候，老禅师说："你看，现在碗里还能放得下核桃吗？如果你的生命是一只碗，当碗中全都是这些大米般细小的事情时，你的那些大核桃又怎么放得进去呢？"小徒弟这才彻底明白了。如果有人整日奔波，异常地忙碌，那么就很有必要想一想：我们怎样才能先将"核桃"装进生命当中呢？如果生命是一只碗，又该怎样区别"核桃"和"大米"呢？

如果每个人都清楚自己的"核桃"是什么，生活就简单轻松了。我们要先把核桃放进生命的碗里，否则一辈子就会在"大米""芝麻""水"这些细小的事情当中，"核桃"就放不进去了。生命是一只空碗，但是应该先放

第一辑　我们离幸福还有多远

进去什么呢？什么才是人生的"核桃"呢？

对于班主任来说，如何从平常班级管理中的鸡毛蒜皮中走出来，找到师生生命中的"核桃"，显得尤为重要。

五、我们离真正的热爱学生还有多远

我们离真正的热爱学生还有多远？这是每个班主任行走在教育之旅中必须思考的一个话题。

热爱学生是班主任最根本的素养。那么，怎样热爱就成了每个班主任必须思考的话题。结合自己多年教育转化后进生的经历和思考，分享下面几点以共勉。

1. 爱是尊重

爱是平等，尤其是平等对待班级里的后进生或问题学生，这也是我们践行教育公平的重要表现。爱还是微笑，班主任有没有微笑着面对学生？每天有没有微笑着走进教室？学生是怎样看待班主任的微笑呢？他们甚至还得出一个结论，说班主任的表情就是他们的心情。

2. 爱是宽容

爱是等待。花开很美，等待花开更美！每个学生都是一朵花，每朵花都会有不同的花期，所以我们要有等待花开的心态。爱还是放下。其实，影响班主任快乐和幸福的一个重要因素就是放不下。放不下什么？学生的缺点、学生的种种不是……因此，学会放下，就是在释怀自己，让开心快乐快些靠近自己！

3. 爱是依恋

什么时候学生开始对班主任有了依恋感，对学习生活的教室有了依恋感，我们的教育就离成功不远了。所以，我们要努力做到给学生一个向往班级的理由。那么，如何才能做到让学生依恋我们呢？主要表现为欣赏。班主任有没有欣赏班级里的学生？有没有用欣赏的目光、鼓励的眼神？爱还是倾听。对于学生来说，他们真的很需要家长和班主任倾听他们！我不由得想起在带"跨栏班"时，和学生之间写的"跨栏日记"。每天，学生都会有几十个问题或疑难，我也会有几十个答复。都是正确答案吗？不一定！但是，学生真的需要标准答案吗？他们其实只需要有人在倾听自己！前两天我写了一篇文章《有时，我们只是需要一句温暖的话语》，在讲课的过程中和学生分享，竟然又引起了他们的共鸣，说在家里特别希望家长可以听他们说话！爱更是走进学生的心灵。很多班主任都在抱怨，说很难走进学生的心灵！其实，主要看你是否真想走进学生的心灵。真想的话，路会有的，一定会有的！因为，心在哪儿，智慧就在哪儿！和老师们交流分享多次的"跨栏日记"，不是让我一不小心就走进学生的心灵了吗？

因此，教育之路千条，最好、最美唯有爱！一旦我们的课堂、我们的教育溢满了爱的味道，教育之旅何愁没有美的风景？教育幸福何愁不会如期而至呢？

六、今天，我们如何走进学生的心灵

走进心灵的教育才是真正的教育！没有走进学生的心灵，就很难教育好学生！因为我们如果不从根本上、从学生内心深处让其转变，所有的辛苦、所有的努力、所有的绞尽脑汁都会收效甚微，甚至一点作用都没有！相反，学生会对我们的教育很反感，甚至还会以另类的表现来表示心中的不满，以更大的逆反和我们对着干。

谈起走进学生的心灵这一话题，好多老师都会说："我怎么走进他们的心灵？门关死了，窗户也闭上了，门缝和窗户缝隙也紧紧堵上了，真的好难走进学生的心灵啊！"其实，如果真的想走进学生的心灵，也并非是难于上青天的！在好多次的讲座分享中，我常常和老师们交流：心在哪儿，智慧就在哪儿！根据我多年的教育践行，要走进学生的心灵，可以从以下几个视角来思考和尝试。

1. 要做学生可信赖的老师

要想和学生交心，首先必须成为他们可信赖的人。没有这个前提，想走进学生的心灵几乎不可能。那么，怎样才能成为学生可信赖的人、可信任的老师呢？这里分享一个我当年带班时见学生第一面的故事。那是在2011年暑假结束，开学前一天，为了见好第一面，我给没有见过面的55个学生每人买了一本漂亮的笔记本，想作为礼物送给他们。到了晚上，我又有了给每个学生写第一封短信的想法。于是，从夜里12点到凌晨4点，我为每个学生写好了第一封短信。第二天早上，当我把这个礼物亲手交到学生手上，并和学生分享这个礼物的时候，发现学生们看我的眼睛是那样的清澈透明，眼神是那样的温暖，有些学生甚至还揉着有些湿润的眼睛。直到今天，我心里还保留着那份美好！因为就是那份特殊的礼物，就是那份美好，开启了我和学生之间的心灵之门、信任之门！

2. 要做学生可依赖的老师

只有当学生开始依赖老师，师生之间的真诚交流才会成为可能！那么，怎样才可以让学生依赖老师呢？首先，我们要做学生的倾听者。现在的学生特有想法、特想独立、特想别人认可自己，但是由于父母都忙于工作和生活，没有时间倾听孩子，导致孩子封闭自己。时间久了，家长就会抱怨孩子不和家长交流，关闭了亲子沟通路径，才会出现父母通过偷看孩子日记等侵权式的单向沟通。而我在带"跨栏班"时，及时开通了师生交流的通道，师生一起写"跨栏日记"，书写专属于我们"跨栏班"的心理日记。学生每天大都会写，分享着自己成长的快乐，同时书写着自己成长的困惑，而我则扮演了一个倾听者、指导者、帮助者的角色。对于学生的快乐，我会给他们传递老师开心着他们的开心；对于学生提出的困惑，我则进行科学剖析，提出解决的方法和建议，以供学生选择。所以，学生对"跨栏日记"还是充满期待的！在这期待里，有盼望、有信任、有信赖、有开心！时间久了，他们就会越来越依赖老师，师生之间的交流渠道也会越来越畅通！

3. 做让学生感受到真爱的老师

只有老师的真爱，才能换来学生的真心！其实，学生心里像明镜似的，谁对他是否真好，他是可以感觉出来的。所以，我一直认为，种下爱就会收获爱，爱会在相爱的人之间发芽、开花、结果！因此，要想让学生和老师交心，老师必须付出真爱！那么，什么样的爱才是真爱呢？真爱是尊重，真爱是平等，真爱是微笑，真爱是宽容，真爱是等待，真爱是放下，真爱是善待，真爱是依恋，真爱是欣赏，真爱是倾听，真爱是走进学生的心灵……其实我更想说，真爱是流淌在我们心里对学生的那份善待！

我始终相信，做一个可以让学生信赖的老师，一个可以让学生依赖的老师，一个可以让学生感受到真爱的老师，学生还有什么话不对我们说？还有什么理由不对我们开启心灵之门？我们的教育还用发愁没有幸福感吗？

七、我们是否找准了教育的关注点

"有的人想尽办法寻求发展和提升自己的时候，有的人却在寻找落后的理由！"这是《有的人》这首诗中令我深有感触的一句话。

第一种人脑子里想的、关注的是怎样想方设法、采取什么措施来使自己更好，所以每天都在积极地进步着；第二种人脑子里想的尽是为什么落后了，关注的是要找到落后的原因，到底是什么原因使自己落后，所以每天都在消极地思考着！

要找准教育的关注点，关键是老师在关注什么。教育的关注点决定着一个老师的教育思考，决定着一个老师的教育言行，更决定着教育的实效，最终决定着学生的未来。比如班主任的班级管理：你是关注学生的闪光点还是关注学生的缺点？如果你关注学生的闪光点，那么学生的闪光点就会越来越多；如果你一直关注学生的缺点，那么你就会一直被其缺点所困扰！

《今天，我们该怎样做班主任》一书中分享了两本关注点不同的班级日志。一本是违纪记录簿，记录的全是学生每天的违纪情况，让老师每天都生活在烦躁之中，能有好的心情工作吗？这样做，学生的表现是否就好了呢？打架骂人和作业不交的现象仍会发生，各种违纪现象也是屡禁不止。另一本是文明记录簿，记录的全是学生每天的文明言行和让人感动的好人好事，老师看着这样的记录心情自然舒畅，学生逐渐学会了发现别人的长处，懂得怎样关心别人了，班级纪律也出奇地好了起来。这就是老师教育的关注点不同产生的两种截然不同的结果。

想想自己在带"激情九班"时的鼓励性标语"今天我又进步了"，为学生写的祝福语"祝贺你""你真棒""老师真为你高兴""老师相信你会取得更大进步""加油"等，今天的心情仍然不能平静。记得迎亚（化名）同学在一天的反思中这样写道："今天上的课，我大体可以把每课的知识点记下来、掌握住，再遇到同样的习题时不会再犯同样的错误。我想明天我会表现得更加出色、更加优秀！"我给她的寄语是："为你今天的优秀表现喝彩！要追求卓越，老师从心里为你取得的进步高兴。要更努力才会更优秀，老师相信你！"正是这些看似简单的对话，消除了师生之间的隔膜，彼此敞开了心扉，使我及时捕捉到学生的心理活动，并将赞美之意立刻传达到学生心中。学生从老师的寄语中欣然得知自己是优秀的，是不断进步的，这种喜悦促使他们更加努力，且不断走向卓越。学生的学习风气明显好转，学习热情空前高涨，学习成绩急速上升……所有任课老师都感到迷惑不解，为什么这样差的班会有这么大的转变？好多问题学生怎么变得这么懂事了？我笑了……还有我在带"励志号2010G09动车组"时的集体宣誓誓词："今天我要以十足的信心、百倍的努力、高昂的斗志、快乐的心情来学习和生活。"奋发向上的励志语录让学生一直处于一种积极向上的进步状态，这就是我带班时对学生教育的关注点。

关注学生消极的一面，不如张扬其积极的一面，这一点我在教育管理中深有体会，这样做符合"人心向善"的普遍心理。其实，人人都有要好、自尊的需求，往往越说好就越往好的方面努力。我们的学生还是孩子，他们有特有的心理特点，就是还不能完全建立起对自己行为的评价，故常常依赖外界的评价来认识自己行为的对错，尤其愿意得到别人的肯定与表扬来满足自己是"好孩子"的心理需求。所以，学生更愿意接受正面评价，也更愿意向榜样靠近。根据这一心理特点，我们为什么不把对学生的要求蕴含在倡导的"正面形象"中，让学生主动地、有目标地、愉快地达到要求呢？谈到这里，我又想到了"找榜样、学榜样、做榜样"，不也是根据学生的"向善"心理来规定的吗？

走近学生，俯下身子，耐心和其交流，用鼓励的眼神、赏识的目光、微笑的表情、真诚的心态与学生进行心与心的交流，学生的自信会在老师的赏识与鼓励下树立起来。"你一定可以的""你一定能行""老师相信你"这些语言无形之中给了学生巨大的鼓舞和向上的精神力量！然后老师再细心地与学生一起商量前进的目标，这个目标应该是学生比较容易完成的。学生完成这个目标后的喜悦是无法形容的，这种成功的自豪感会一直保留在学生的心灵深处，更会激发起他前进的动力，甚至会一发不可收拾。老师一点一点地鼓励，学生一步一步地前进，成功一丝一丝地积累，教育的良性循环一旦形成，我们的学生何愁不进步、何愁不优秀呢？

八、我们是否具有积极的心态并把它传递给学生

态度决定一切，良好的心态是做好教育工作的前提。在我们的工作中，不摆正心态就摆不好自己的位置，也就做不好教育工作。因此，对老师来说，是否具有积极的心态并把它传递给学生，使学生也保持积极的心态学习，这是老师有意义教育的首要问题。

老师的积极心态主要表现在：衣着打扮上是否得体并充满活力；精神状态是否充满阳光，面带微笑；语言是否铿锵有力、积极向上；鼓励性语言和评价是否贯穿整个课堂；热问题处理是否得当，既给学生台阶下，又不使自

己失颜面，在幽默中解决而不使师生关系弄得很僵。

面带微笑是我给自己提的要求，因为我要给学生以轻松愉快的感觉。早上就表扬昨天表现好的学生和一早发现的学生好的表现，这样会给他们一天的好心情！我一般很少在早上批评学生，因为我实在不想让学生在一天中最美好的时间里有失落感，这样会使得他们一整天都在阴影中度过！对学生的赏识教育和激励教育一直是我教育管理的基本理念和不变追求，因为受到赏识和激励的学生才会积极地以更加饱满的热情投入学习中去。当我真的遇到学生逆反期的不良表现时，我总是会用自己的"冷处理"，即不当时处理、不当时做结论，给学生和自己充分的思考与缓冲时间，决不在公开场合打击学生的积极性。

所以，老师的一言一行、一举一动，无不向学生彰显出积极向上的心态，随之就会在很大程度上影响着学生的心情。有不少学生说："老师的表情就是学生的心情！"

让学生每天保持一种积极向上的精神面貌，这样老师的教育才有意义，我们才会有更多幸福的体验。

九、我们是否宽容学生，并让学生学会宽容他人

老师在对待犯错或有缺点学生时宽容与否，在很大程度上决定了学生是否能学会宽容他人。一个动不动就呵斥、大发脾气的老师是不会带出有宽容心的学生的，更谈不上构建和谐的师生关系了。

"别和学生抵触"，这应该成为老师管理学生的一个基本理念。无论发生了什么事情，作为老师都应该保持冷静，"热问题，冷处理"是我们处理突发事件的原则。"你是铺平了今后教育的道路，还是增设了教育的障碍"是我们老师应该经常思考的问题。

别再让自己的言行充满了呵斥，宽容对待每一个学生，老师就铺平了今后的教育之路，而不是增设了教育的障碍。请听学生在宽容方面的心灵之语吧！

1. 您的爱和仁慈彻底打动了我

今天，我下午第四节课下去了，主要原因是我觉得班里的空气实在太混浊了，我想下去透透气。当然，我也有做得不好的一面，没有问同学们能不能下去玩，就自作主张下去了。老师，太对不起了，我没有考虑到您的身体，都是我的错，都是我不好。老师，对不起。在我下去玩的时候，完全没

有顾及您的感受。当我被叫到办公室的时候，我以为会被狠狠批评，没想到您的心肠实在是太好了，您的爱和仁慈彻底打动了我。老师，对不起！您几乎把所有的爱都给了我们，您的儿子也是寄宿生，当您来到宿舍却没有先去看您的儿子而是先来看我们，我被您无私的爱打动了！老师，其实我们几个没有您误解得那样想气您，而是不知道甚至连听都没听说过您不让下楼，要不我们就不会下去了。老师，我还有什么做得不好的，请您给写下来。老师，对不起！

2. 老师鞠躬之后

我从教室外面回来后，想想张老师的举动和说的话，心里真的好难受。也许因为觉得自己太对不起您了，也许被您感动得难受吧！这几天，我一直在回忆老师的三个鞠躬，每当自己觉得学习很累时，想想那天您的话，总会或多或少给我一些动力。是啊，时间越来越少了，我们"动车组"今天已经是第21天了，时间过得好快。您那天晚上的一言一行，我会铭记在心里，值得我用一生的时间来感受。

3. 无声批评之后

老师，今天我犯了一个严重的错误——在宿舍被点名批评了，我又一次伤透了您的心。今天，我被您叫了出去，没想到您一句话没说就让我回去了。我多么渴望您批评批评、教育教育我呀！当时，我多么想和您说对不起，怕再次伤到您的心。我只想对您说一句话：老师，对不起，您能原谅我吗？

回复：

孩子，其实每个人都会犯错，但并不是每个人都有勇气去改正的。既然你能改正错误，老师也不会再生你的气，只希望你们都好！你是个很聪明的学生，也很有礼貌，只要用力去做，应该没什么可以难倒你的！加油，用你的表现让老师认识新的、不一样的你吧！

老师宽容了学生，学生才会从中学会宽容，才会宽容老师、宽容他人。让学生学会宽容，教育的意义才会凸显出来，才能构建起和谐的师生关系，才可能有师生一起快乐成长的幸福体验。

十、我们是否一直在为教育坚守

教师职业巨大的弹性创造空间，也注定了教育工作的博大与艰难。但是，一个工作越是艰难，也就越富有挑战性和价值，也就越能实现积极意义上的人生快乐。

有些事，不是因为我们看到了希望才去坚持，而是因为我们坚持了才会看到希望。

坚守是我们对自己从事的教育工作坚持做下去的一种态度。"态度决定一切"这句话我们早已耳熟能详，可对教育的探索实践与思考的坚守，应该说是最难的了，因为这需要坚韧不拔的毅力！老师的工作确实很多，有时又很杂，尤其是班主任，承担的工作压力也更大。所以我经常听到老师的呼声：哪有时间呢？更何况对自己教育工作的坚守呢？也就是说，现在的班主任还没有从繁重的班级事务中解脱出来，难怪有人有这样的疑问："为什么我们像辛勤的蜜蜂一样辛勤工作，却品尝不到甘甜的蜂蜜？"第一，根本就没有什么可坚守。第二，没有时间来坚守。第三，没有毅力来坚守。回顾自己从开学以来，一直坚持用心写《散步的水之边走边悟》，至今已写出36篇，10万多字。我很欣慰，因为我能坚守自己的教育探索与思考！

坚守是我们对自己从事的教育工作坚持做下去的一种精神。只有具备了这种精神，教育工作才会扎扎实实。当然，这需要我们心中有一种对自己所从事教育工作的信仰，即要有对教育的美好憧憬，并让这种憧憬成为自己教育工作前行的巨大精神动力。

坚守是我们对自己从事的教育工作坚持做下去的一种期待。这种期待是美好的，能支撑着我们想方设法来完成自己的教育工作。正是有了这种期待，我们才能不怕千难万险，才能坚信"方法总比问题多"；正是有了这种期待，我们才能深刻反思自己、反思工作，从反思中找到教育学生的最佳方法；正是有了这种期待，我们才能优化自己的赏识教育理念，进而转化成我们诸多的赏识言行。坚守来自期待，坚守孕育着成功的希望！

坚守是我们对自己从事的教育工作坚持做下去的一份心情。想坚守自己的教育工作，付出是巨大的，有时甚至是超负荷的！所以，有时老师们常会被身边的人疑问："你不累吗？"说实话，累是肯定的，可是这种累一旦被一种充实感、快乐感、欣喜感溢满，所有的累也就烟消云散了，更多的是快慰、成就，那种心情是无以言表的，能让自己继续坚定地做下去。

步入教育殿堂30年来，直到今天，我仍然感觉选择做教育是值得的，因为它给我带来了其他行业不可能有的、无法想象的和无法体验的教育幸福。

在日常的教育生活中，我们要努力把班级管理做成教育，把教育做出幸福的味道。这样，教育的幸福会自动来到身边，师生的成长就会美美与共、快乐与共、幸福与共！这样才能真正发现，教育原来是一个如此令人流连忘返的领域，可以做得这么有滋有味。

教育，可以做出幸福的味道来。

02

第二辑

过一种幸福完整的教育生活

永远的"跨栏班"

周国平先生在《真性情》中说道："一个人活在世上，必须有自己真正爱好的事情，才会活得有意思。这爱好完全是出于他的真性情的。他喜欢做这件事情，只是因为他觉得事情本身非常美好，他被事情的美好所吸引。这就好像一个园丁，他仅仅因为喜欢而开辟了一块自己的园地，他在其中培育了许多美丽的花木，为它们倾注了自己的心血。当他在自己的园地上耕作时，他心里非常踏实。无论他走到哪里，他都会牵挂着那些花木，如同母亲牵挂着自己的孩子。"老师对学生的牵挂就是这样，辛勤的园丁的比喻不就是这层意思吗？

只有当老师用心投入地做教育的时候才会发现，教育原来是一个如此令人流连忘返的领域，教育原来可以做得这么有滋有味。这个时候，教育的幸福会自动来到身边。

八年级八班，原来是无人敢问津的班级，一个有着全校难以转化的学生的班级，一个没有进取心、没有向心力和凝聚力的班级，不少老师也都谈"班"色变。所以，校领导和其他好多老师都把目光瞄准了我，一个在后进生教育和转化方面积极探索的普通老师。于是，我义不容辞地走上了八班班主任这一"领导"岗位。既然上套了，那就好好拉车吧！可是，谈何容易啊！对这位"1号"，我早有耳闻，每节课前他都要对各班"巡视"一遍才回班，俨然一个年级主任的角色，当然还少不了他的"跟班们"。其他的学生也大多没有进取心，向心力和凝聚力就更少了，成绩可想而知。面对这样的班级、这样的学生、这样的班情，我真是夜不能寐，不时思考着教育的良策……

一、我们的集体宣誓

每天一早，让班里的学生以一个什么样的状态开始每天的学习生活，是我一直在探索践行的。集体宣誓就是一种非常好的形式，有利于增强学生的仪式感，培养积极进取的精神。

"跨栏军团"：人生就像跨栏，每天都要勇往直前；每天进步一点点，跨好每天这道栏；做今天最好的自己，努力努力再努力；为跨栏积蓄力量，学习学习再学习！

"激情九班"：迎着朝阳来，想想今天该做什么；踏着夕阳归，想想今天收获多少；激情九班，永远激情！

"动车组"：今天我要以十足的信心、百倍的努力、高昂的斗志、快乐的心情来学习和生活！

"海尔班"：求变创新是海尔人始终不变的班级语言，更高目标是海尔人一以贯之的班级追求；你的学习智慧，我的智慧学习；海尔，真诚到永远！

二、我们的班歌

班旗、班徽、班歌，三者是班级软文化环境建设的起始点，像一场音乐会前的造势活动，令人神往。班旗、班徽、班歌作为班级特色的标志，有助于学生对班级产生认同感和自豪感，有利于加强班级凝聚力，培养开拓进取精神、音乐素养和审美情趣。就像我们"跨栏军团"的班歌《我们是"跨栏军团"》：

我们是"跨栏军团"

填词：张国强　曲：寄明（同《我们是共产主义接班人》曲）

我们是乘胜前进的"跨栏军团"

发扬冠军刘翔的拼搏精神

爱老师，爱同学

美丽的团徽佩戴在胸前

不怕艰辛，不怕困难

顽强拼搏，直到永远

向着目标勇往直前

向着目标勇往直前，直前

向着目标勇往直前

我们是乘胜前进的"跨栏军团"

我们是攻无不胜的"跨栏军团"

发扬冠军刘翔的拼搏精神

爱班级，爱校园

美丽的团徽佩戴在胸前

面对障碍，勇敢挑战

努力学习，文化经典

向着胜利勇往直前

向着胜利勇往直前，直前

向着胜利勇往直前

我们是攻无不胜的"跨栏军团"

三、我们的"跨栏日记"

1. 常把心谈谈

找点空闲

抽点时间

相约孩子

把心谈谈

面带笑容

心怀祝愿

陪着孩子

把心谈谈

孩子说出了心里所想

内心渴望着我们的主张

父母的愿望给孩子说说

老师的期盼向孩子言传

常把心谈谈

把心谈谈

哪怕是陪孩子一起聊聊天

谈心不求孩子再发生多大转变

心中不再有隔阂

就能够笑脸常看

这是我根据歌曲《常回家看看》改编的教育歌曲《常把心谈谈》。

苏霍姆林斯基说："不了解孩子，不了解他们的思想、兴趣、爱好、才能、禀赋、倾向，就谈不上教育。"每个学生都是一本值得好好研读的书，只是这每一本书的开启方式不同，但开启每一本书都有一个核心的思想，那就是让学生感受到成功，也就是老师要坚持从成功中启迪学生的思想。要让学生感受到成功，就应该让他们感受到自己的努力是有效的，并不断给予学生成功的反馈，这样才能使他们努力坚持下去，不断取得成功。

我觉得，作为一名班主任，就要做一个有心人，在平时的工作中注意发现并抓住打开学生心灵之门的契机，让班中的每一个学生在老师期待的眼神中，在老师殷切的话语中，在老师无微不至的关怀中，切实地感受到老师的爱，并在老师给予的爱中健康快乐地成长。

正如李吉林老师所说"用儿童的眼光看世界"，对人的理解，主要指对人的心灵世界的理解，即在心理上体验他人心理、精神需求和人格特点等。窦桂梅老师说："我常常阅读名著……我也天天阅读孩子，我强烈地感受到自己便是在阅读和欣赏着人类最伟大的生命的杰作。"

学会将心比心，学会换位思考，这样才能走进学生的心灵，才能懂得学生，从而也让学生走近自己、懂得自己。

2. 一个不愿意写"跨栏日记"的女生

张老师：

您好！我真的没想到，您会是我们班的新班主任。以前老是在校报上看见您写的文章，就是不认识您，只认识名字。有几回，我还把您看成校长了，你俩长得有点像。我对您的印象挺好的，您既是全校最好的班主任之一，又是曲阜优秀的班主任。这次您接手我们班，那我们2009级8班全体同学的成绩肯定要大大提高了。张老师，我不喜欢和老师聊天，以后可不可以不写呀？

小丽（化名）：

你好！非常感谢你能把心里话告诉老师！这几天，你的表现不错，老师喜在心里呢！我会尊重你的请求的！不过你能把你为什么不愿意与老师交流的原因告诉老师吗？看我能不能帮到你？加油！

张老师：

您好！看到您愿意帮助我，我真的很开心，心里感觉特别温暖。我原来都不大和老师说话，什么事都是憋在心里呢。不过看您很温和慈爱的样子，我觉得您是一位可以相信的老师！对了，有件事还真是想和您说，最近一直困扰着我，那就是我和我们班的另外一个女学生同时喜欢我们班的一个男学生，我现在是吃不下饭、睡不好觉，有时还会在楼梯上发呆。张老师，您说我该怎么办呢？

小丽：

非常感谢你这么信任我，把我当成好朋友，老师很开心！对于你信中提到的问题，我想是你们这一年龄段遇到的普遍性问题，如果说它影响了你的学习和生活，那就大可不必了！

男女同学之间的好感是很正常的，关键是你如何看待和对待这份好感。你可以放在心里，留作美好的回忆！老师还要把这句话送给你：当苹果还是青果的时候，千万别去吃它，否则你尝到的肯定是又涩又苦！什么时候果实熟了，你再品尝它，你会甜彻心扉，那才是一种很美的感觉！

老师真心希望你能明确自己的奋斗目标，为了目标扎实努力，别的事情自然就会慢慢忘记的！你也可以把它尘封起来，留作永远的回忆，千万别去打开它！

谢谢你给我说的心里话！孩子，希望我们可以成为知心朋友！加油！

张老师：

您好！我发现我喜欢上用这种方法与您聊天了。感觉真的很好！

3. 悠悠赛车情

张老师：

我成功了！我终于把送您的汽车设计出来了！下面由我来介绍一下车

的具体资料。这辆车是房车，人们都想把自己的房子带到全国各地去，只要拥有了这台车，就可以实现了。老师，我知道您喜欢接触大自然，所以设计出一辆旅行的房车。车内有四个舱，驾驶舱、厨舱、客舱，还有办公舱。沙发也可以当作床。客舱有电视、冰箱，与家里的客厅一样。厨舱内可以做饭吃，非常方便。另外，老师，我知道您喜欢写作，所以为您设计了办公舱，舱内有床，供您休息；有台灯，您可以在车内记录旅游的行驶日记；另外有天线，随时可以上网。说到做饭，为保证无油烟，车内有通风口和吸油烟口，保持车内卫生。老师，您一定喜欢低碳生活吧，所以我把车的排气量定小了，尾气排放小了就更卫生了。车的减震很棒，将水瓶倒放，车过10厘米的坡，水瓶都不会倒。那样会更舒服。另外，为了您的安全，车内设有安全气囊、防弹玻璃，车身防火防爆，以防坏人袭击。车子很坚固，用一颗火箭弹炸都炸不坏。好了，就这些，祝您旅途愉快。老师放心，我会向这方面努力的。

鹏程（化名）：

你好！看到你为老师设计的房车，老师心里除了激动还是激动！你真的很棒！以后你一定会在这一领域做出超人的成绩的，到那时老师一定会分享你的快乐！当然，那得看你现在是否努力！祝你开心，祝你成功！

4. 种下爱就会收获爱

爱会在相爱的人之间发芽、开花、结果，师生之爱在"跨栏日记"里延伸……

老师，您今天怎么没来学校上课？您怎么了？我们很担心您！今天班里总体还不错，您放心，不用担心我们"跨栏军团"！加油！

老师，今天得知您父亲生病住院的消息，我很吃惊。数学老师说您已经两天没合眼了，可想而知，您此刻的心情一定很难过吧。您经常跟我们讲您上学时的情景，您一定很爱您的父亲吧！我也是！希望您保重自己的身体，不要太劳累！不要忘记，您不是一个人，您的背后是我们永远打不垮的"跨栏军团"！老师加油，我们一起挺过去！

老师，今天是星期四了，您还好吗？这几天没见到您了，心里感觉怪怪的，您还好吗？今天下雨了，下得很大，您父亲的病情有没有好一点？我们期待您归来的消息。

老师，我不知道该说些什么才能安慰您，您不要太过悲伤。我想，您父亲一定到了一个比人间还要美丽的地方，他并没有离开您，他会永远在天上祝福您、保佑您。当我知道这个消息时，我很震惊，人好好的，怎么说没就没了呢？老师，您一定要保重自己的身体，别忘了，您还有我们！老师，一切都会过去的，一切都会好起来的，暴风雨过后，一定会出现彩虹！老师加油，您一定可以的！

老师，今天星期一了，您还好吗？天气变冷了，您要保重自己的身体啊，快考试了，您快回来吧，"跨栏军团"需要您！

老师，今天星期二了，我每天都在算时间，希望您赶快回来。您身体还好吗？我们八班一切都好，您不用担心，我们会好好学习，等着您回来！加油，老师！

终于考完了，大解放了，真难熬啊！老师，您什么时候回来？明天又周末了，星期一您会来吗？

鑫鑫（化名）：

你好！看到你能每天坚持写"跨栏日记"，老师很欣慰！最让我感动的是在你每天的字里行间，在这些美丽的文字里，都饱含着你对老师的默默牵挂，我的泪水不禁流了下来，你太懂事了，有你真好！谢谢你对老师的牵挂和问候！同时把最美、最真挚的祝福送给你，我最好的朋友，一切安好！

四、我们的"《论语》讲坛"

班主任应该是文化人。班主任可精读《论语》，参悟教育真谛，优化教育质量，探求治班之道。在班级管理中，可建造"《论语》工程"，加强班级文化建设，扮靓学生文化色彩。在"跨栏军团"的"跨栏"途中，我主要在以下两个方面进行了尝试。

1. 创办"《论语》讲坛"

用经典文化浸润学生的心灵。每天利用早读时间，以团队为单位举办"《论语》讲坛"：用《论语》的"君子周而不比，小人比而不周；君子和而不同，小人同而不和"进行班级团结的教育，用"人不知而不愠，不亦君子乎"进行宽容教育，用"士不可以不弘毅，任重而道远"进行自强教育，用"君子求诸己，小人求诸人""见贤思齐焉"进行自省教育，用"君子成人之美"进行助人教育，用"学而不厌"进行学习教育，用"小人之过也必文"进行责任教育，用"君子不重，则不威，学则不顾"进行仪表教育，用"为人谋而不忠乎？与朋友交而不信乎？""人而无信，不知其可也"进行诚信教育，等等。这样，学生从经典中汲取了《论语》的智慧，从而努力做一个堂堂正正的人。

2. 构建"《论语》团队"

所有团队的名称和口号都来自《论语》和《孔子家语》经典语句：如文清团队的名称是见贤思齐，出自"见贤思齐焉，见不贤而内省也"，口号是"知之者不如好之者，好之者不如乐之者"；晓乐（化名）团队的名称是仁者无敌，出自"君子而不仁者有矣夫，未有小人而仁者也"，口号是"仁者不忧，智者不惑，勇者不惧"；小琪（化名）团队的名称是思无邪，出自"子曰：诗三百，一言以蔽之，思无邪"，口号是"敢于竞争，善于竞争，赢得竞争"；文迪（化名）团队的名称是讷言敏行，出自"君子欲讷于言，而敏于行"，口号是"青春不败！加油"；婷婷（化名）团队的名称是学无止境，出自"默而识之，学而不厌，诲人不倦，何有于我哉"，口号是"我们不一定是最优秀的，但我们一定是最努力的。长风破浪会有时，直挂云帆济沧海。相信我们，每个人都有属于自己的精彩"；振霖（化名）团队的名称是芝兰室、善人居，出自"与善人居，如入芝兰之室，久而不闻其香，即与之化矣。与不善人居，如入鲍鱼之肆，久而不闻其臭，即与之化矣"，口号是"向困难发起挑战，前进前进再前进，加油加油再加油"；佳文（化名）团队的名称是好学、善思，出自"我非生而知之者，好古，敏以求之也"，口号是"好好学习，天天向上，绝不辜负党的希望"；润泽（化名）团队的名称是以约思齐，出自"以约失之者鲜矣""见贤思齐焉"，口号是"我们的辉煌将从这里诞生，明日的太阳将从这里升起"。

在班级中，用《论语》打造学生的精神特区，做好了《论语》工程，就可让学生美丽的生命在文化中诗意地栖居，不自觉地培养了学生的向上精神、文明素质和文化素养。

五、从数字化班级到品牌化精神家园

1. 常规好还是加分好——0分和1分的思考

我们现在实行的是量化管理，由生活老师对寄宿学生就寝的方方面面进行加减分管理。一个月以来，通过我对我们班学生的寄宿跟踪管理，一个问题总是让我不断思考。

以A和B两宿舍为例，A宿舍常规不错，但一直没有被表扬，可也没有扣分，一周下来，他们的宿舍成绩是0分；B宿舍有两天被扣2分，但他们有三天被表扬，加了3分，一周下来，他们的宿舍成绩是1分。

0分和1分哪个好呢？常规好还是加分好？哪个是我们想要的结果呢？我们要的是什么？对于这个问题的认识，就体现了我们的寄宿管理理念，而这一寄宿管理理念也在很大程度上决定了学生寄宿行为的一个导向问题。是要学生做好常规，还是要学生被扣分之后再想办法加分，以弥补自己的过失与错误呢？

"老师您放心，我们一定会想办法再加上来！""一周之内你（们）要想办法把分加上来！"

怎样才能让量化管理更人性化呢？我思考着……

2. 我的常规我的痛——99分背后的思考

上个月的寄宿成绩出来了，我们班99分！望着这两个吉祥的阿拉伯数字，我不禁想起了那芬芳四溢、沁人心脾的99朵玫瑰！午夜的收音机里也轻轻传来一首歌——《九百九十九朵玫瑰》！可我并没有陶醉的感觉，因为不是999分！这一成绩在级部里还是要倒数！

午休时，我走到了男生宿舍，与男生交流起来。学生们都对我说："老师，这已经不错了，我们原来都是负一二百分呢！"我还是掩盖内心的酸楚，对他们提出了表扬与鼓励，但同时也道出了我的心声：这与我们的付出不成正比啊！与传林主任交流时，他也安慰我说："不错了，原来都是负分呢！"

是啊，想想原来的负一百多分，如果加上现在的99分，应该说成绩不错了，可这离我的理想还有很大差距啊……

难道说我错了？

开学之初，我对学生提出了自己的常规理念，那就是我们现在办公楼前的牌匾上面写着的海尔集团总裁张瑞敏先生的名言："把一件平凡的事做好就是不平凡，把件简单的事做好就是不简单。"我对学生的希望和要求很简单，那就是该做什么就得做什么。

应该说从开学到现在，我们班始终围绕这一常规努力着。我也欣喜地看到学生身上发生的种种变化，正朝着常规化、常态化健康、持续地发展。

我很欣慰，因为我看到了"怒放的生命"；我也有些担忧，不知会不会是无言的结局。

我思考着，快乐并痛着。

3. 量化和文化

量化和文化是管理的两个不同建构。量化和文化决定一个企业、一家实体店、一个学校、一家单位到底可以坚持多久，可以带来多少效益，通俗地说就是可以走多远。

一个班级的文化包括从班级文化，到校文化、晨会文化、上课文化、课件文化、做事文化、鼓掌文化、说话文化等。文化可以是一个礼节、一声问候、一个手势、一句祝福。文化的魅力在哪儿？在于温馨环境、温和关系、温暖心灵、温润精神。文化可以吸引留住人，也可以成长人、成全人、成功人、成名人。

量化是细化管理，细致考核，无微不至！事事有人做，人人有事做。量化可以带来短期收益或效益，文化则可以让你去远方。

量化和文化的动机与目的不一样。量化是做实、做细，文化是想做、乐做；量化是治人，文化是育人。

4. 教室理应成为学生成长的精神家园

教室除了是学生学习科学文化知识的殿堂，还应该给学生留下什么呢？通过这些年的教育探索，我认为教室更应该是学生每天心向往之的地方，是渴望与老师、同学美丽相遇的地方，是老师、学生和家长共同成长的地方，是参与活动、展示风采、体验成长、留下美丽回忆的地方，是不断出错、经历改错、修正自己、完美自己的地方，是师生共写随笔、心与心交流而实现心灵交融的地方，老师唯有用爱、用心、用情、用坚守向往之、陪伴之、经营之、成长之。所以，教室理应成为学生成长的精神家园。

这些年，我一直创新经营自己的教室和班级，让问题班级拥有了一个个具有生命力的名字："激情九班""动车组""跨栏军团""海尔班"等。在班级文化实践中，我积极尝试建设与班级名字同为一体的动态班级文化，努力使班级文化具有鲜活的生命力，让教室内涵不断丰盈起来，让教室真正成为学生生命成长的美丽家园。

（1）增强仪式感——我们的集体宣誓。

仪式感教育是我们不可忽视的，所以我每天早上都和学生一起进行集体宣誓。在经营"跨栏军团"时，我们的宣誓词是："人生就像跨栏，每天都要勇往直前；每天进步一点点，跨好每天这道栏；做今天最好的自己，努力努力再努力；为跨栏积蓄力量，学习学习再学习！"

（2）经典相伴——我们的"《论语》讲坛"。

创办"《论语》讲坛"，用经典文化浸润学生的心灵。每天利用早读时间，以团队为单位举办"《论语》讲坛"：用"君子周而不比，小人比而不周；君子和而不同，小人同而不和"进行班级团结的教育，用"人不知而不愠，不亦君子乎"进行宽容教育，用"士不可以不弘毅，任重而道远"进行自强教育，用"君子求诸己，小人求诸人""见贤思齐焉"进行自省教育，用"君子成人之美"进行助人教育，用"学而不厌"进行学习教育，用"小人之过也必文"进行责任教育，用"君子不重，则不威，学则不顾"进行仪表教育，用"为人谋而不忠乎？与朋友交而不信乎？""人而无信，不知其可也"进行诚信教育等，留下了大量的文字和视频资料。

（3）音乐素养提升——我们的班歌《我们是"跨栏军团"》《走进海尔时代》等。

用音乐文化增加学生的文化底蕴，提升学生的音乐素养和艺术修养等。班歌是彰显一个班集体的精神面貌的最好途径，可以催人奋进、激人进取，呼唤出潜藏在学生心底的心灵之火，凝聚集体的力量，焕发集体生命的活力，鼓舞学生学习的士气，激励学子们前进的步伐。如在经营我的"跨栏军团"时，我们的班歌为《我们是"跨栏军团"》；在经营海尔班时，我们的班歌为《走进海尔时代》，都很好地提升了学生的艺术修养。

（4）企业赞助——活动开展丰富多彩。

有创意地开展各种活动，让学生尽情地展示自己，学生在参与和体验中成长，从而实现在活动中育人的目的。积极把企业文化引进班级管理中来，如企业赞助班级活动开展，如"晨光杯"班歌大赛、"长河杯"英语单词记忆大赛等。

这些年，我一直在带问题班级，陪伴了很多后进生一起成长，教室里的故事数不胜数，至今难忘……他们已成为我教育生命中美好的回忆，更是我教育旅途中一道道亮丽的风景线，时时想来，时时欣喜，时时信心倍增！

记得每天收集幸福

教育洋溢着无数美丽的瞬间，这些美丽瞬间总会给我带来无限的感动，总会让我的心情更加晴朗明媚。

从美丽的教育中感悟教育的美丽，享受教育的美丽瞬间，原来教育可以如此美丽。

1. 掌声响起来

下午班会上，我为我们九班赋予了新的名字——"励志号2010G09动车组"，并说我们动车组搭乘的都是优秀的乘客，强调了我们班的学生都是最优秀的，我班无后进生！话音刚落，教室里响起了雷鸣般的掌声！当时我就想：学生们是多渴望被肯定和被表扬啊！在常规优化周颁奖现场，关于奖品，我给学生解释了一下："虽然奖品不是很高档，可老师的心意是真诚的，是老师自己花钱买的，关键是还有老师的签名！假如我以后真的成了名人，那这个奖品就价值连城了。"此时，学生们都笑了，并且响起了雷鸣般的掌声，我也开心地笑了！

2. 学生全体起立了

今天第七节班会课上，我与学生一起观看了邹越老师的《让世界充满爱》的视频，学生在观看时的表现令我刮目相看，让我很感动。当第一次国歌声响起的时候，学生果然和视频中的学生一样无动于衷；可当第二次国歌声响起时，我刚要说"请同学们全体起立"，还没等我张口，学生齐刷刷地全体起立了！我好高兴，这就是我想要的效果呀。当视频中学生上台与老师拥抱时，我发现有些学生回头看了看我，始终没好意思这样做。但我发现学生的眼睛都已经湿润了，效果有了就可以了，我已经很满足了！

3. 学生给我鞠躬了

吃晚饭前，我看着班里学生站好队后，就想要回家了。可当我走到办公楼西要上台阶时，突然听到后边有喊"老师"的声音，回头一看，明珂（化名）、祥泽（化名）、文璨（化名）三位女同学跑了过来，一起站好，给我深深地鞠了一躬："老师，您辛苦了！"当时的我真有一种无法形容的激动和说不出来的感动，一种教育的成功感油然而生。

4. 美丽的生日祝福

31日下午，因为要核实一个信息，我打电话把郝老师请到我的办公室。她无意中说出今天是浩天（化名）的生日，我心里却刻意地记了下来。晚上9点左右，我给郝老师打了电话，询问浩天在家学习的情况，然后对郝老师说："您让浩天接个电话，好吗？"等浩天接过电话时，我先是问了一下他今天晚上在家学得怎么样，然后郑重地对他说："浩天，老师祝你生日快乐！"听得出，他在电话那边很感动，一再说"谢谢张老师"。打过电话后，我心里有一种说不出来的激动，还有一种很欣慰、很舒服的感觉。第二天，郝老师当面向我道谢，说她和陈老师都很感谢我。我连忙说没什么，可心里一直感觉自己昨晚的行为很值得。美丽的生日祝福，祝福着、美丽着、幸福着……

5. 我们都自豪着

开学初，由于文君（化名）同学晚上不住校了，所以她们的宿舍没有舍长了。可是我刚接过这个班，和班里学生又不熟，不知道换谁合适。当我看到静怡（化名）同学那甜美的笑容时，心想，就她吧。于是对她说："静怡，你来当舍长，好吗？"她听后，先是一惊，然后流露出真诚的微笑。接着我就走出了教室，她随后跟了出来，喊住我说："老师，您怎么知道我行呢？"我说："我的感觉告诉我的，我觉得你肯定行的！"她随即笑着说："我在小学都是班长呢！老师，我一定会好好干的！"

看着她那满脸自豪的样子，我也自豪地走了。路上还在为我刚才反应迅速而感到庆幸呢！如果我当时说"你要不愿意干，我就换别人"，不但舍长人选没有着落，而且还会给静怡造成不小的打击呢。

这可能就是教育智慧吧。

6. 那份期待还停留在我的心上

文君胆小胆怯的表现，早在她当"小记者"（值日班长）的时候我就已发现。有一次她正赶上周日晚自习的值日，问我："老师，今天不用宣誓了吧？"我说："是啊，今天不用宣誓了。"可我立即发现她脸上的表情是松了一口气的样子。我思考了一下，她可能是有些胆怯。不行！我得锻炼锻炼她。第二天一早，我就对她说："文君，昨天你只值日了一晚上，今天你还是'小记者'，好吗？"她"啊"了一声，也没再说什么。后来，我和她站在讲台上同全班同学一起进行了宣誓。当时我没有看她，不知道她的表情是否自然。

一天下午我在翻阅她的"行驶日记"时，看到其中有这样一句话："人的一生只有一次，不一定活得完美，但一定要活得精彩。"我感觉挺不错，于是决定用她的这句话作为我们"动车组"今天的励志语录。其实，我还有更深的含义：那就是想再锻炼一下她。

第二天一早，我就让"小记者"把文君的这句话写在了黑板的左侧，当作今天的励志语录。快到宣誓的时间了，我走到她跟前，没等我开口，她就先说："老师，我能不上前面去吗？我不敢去。"果然不出我所料，我随口说："你也可以说一两句话。没关系的，你不用害怕，老师是想锻炼你一下，懂吗？"我再看她时，却发现她的眼里已噙满了泪花。一种很难受的感觉涌上我的心头，我难为她了。我知道，再坚持下去可能会伤害她，于是说："那好，文君，不上就不上吧。"因为我实在不愿看到那晶莹的泪珠。

一种期待的美，就这样蕴含在我的心灵深处。

7. 那次善意的排位

期中考试后，我进行排位，这次麻烦可惹大了！我原想，把竞开（化名）从后面排到前面去，他应该很高兴。谁知道，他不满意，在班里大喊大叫，还跑到办公室"手舞足蹈"！当时我已经很生气了，可我没有跟他对着干，而是对他说："你先回家好好想想吧，我也好好想想。我们明天再说，好吗？"他不情愿地走了。可是令我没想到的是，第二天一早，他已经在办公室门前等我了，说："老师，我错了！您为什么对我这么好，昨天您应该打我、骂我呀！我真的很对不住您，请您原谅我好吗？可是老师，我不愿意在前面！""啊！"我惊呆了，忙说："真对不起，老师不了解你的真实想法，但请你先在那待几天，然后再把你调到后面去，好吗？"他满意地走了，一场善意的排位风波就这样过去了。

好心有时也会办坏事！不过，我还是很知足的，毕竟他能认识到自己错了。其实，有时犯错也是一种美丽。

8. 幸福地被愚弄

早餐后，我刚想去校门口值班，突然洪涛（化名）与亚文（化名）跑了过来。"不好了，老师！我们班的投影灯不知被谁用篮球砸下来了！"洪涛气喘吁吁地说道。"是吗？"我随即与他们从餐厅跑了出来，往四楼奔去！由于这几天血压比较高，所以不敢跑很快，尽管心里很着急！洪涛还一个劲地催我："快点，老师！"终于快到四楼了！这时，他回过头来，又问了一句："老师，今天是什么日子呀？"我随口就说："4月1日。"啊？愚人节！到了教室门口，我立即往投影灯上看，好好的啊！这时洪涛笑了："老师，今天是愚人节！"这时，学生都大笑起来，有一个学生边笑边说："老师，今天是愚人节！"我才知道上了这班小调皮的当，顿时觉得自己有点尴尬，想说他们几句，但看见他们笑得那么开心，我不禁也被感染，跟着他们笑了起来。哎！昨天还与两个实习班主任说，今天是愚人节，不要上当呢，可今天自己就这么容易被"愚"了！在"行驶日记"里，洪涛郑重地向我道了歉："今天是愚人节，一早我吃完早饭回到教室，马上就跑了下去，去'愚'班主任了。我不知道老师有高血压，这是我的错。不管是不是愚人节我都错了，我向老师道歉。"我就这样幸福地被愚弄了。

9. 一堂特殊的自习课

今天下午九年级开家长会，由于考虑到第二节课就开家长会，学生主持人还得主持会议，学生的注意力肯定不在学习上了，所以我决定让学生上节自习课，处理一下没完成的各科作业，正好也给学生一个自由学习的空间。"这节上自习"的声音一落，教室里果然响起了学生兴奋的掌声！不过在这节自习课上，学生的向善心理得到了淋漓尽致的展现。不信，请往下看：

学生在忙着整理书桌。我观察了一下，大概有三分之一的学生在整理自己的书桌，最多的就数班里的后进生们：瞧他们的认真劲，很专注，很专一，用"聚精会神"这四个字来形容他们再合适不过了：发现别的同学的卷子或课本直接还给了他们；把自己弄得很脏、皱皱巴巴的书或卷子重新整平后整齐地摆放好；把没用的东西放在凳子上的垃圾袋里面；把桌面上很脏的污渍细心地清理了……

学生在忙着补作业。在我巡视的时候，发现部分学生在忙着补作业，其中最令我难受的是有位女生在《英语说明与指导》上快速地写着ABCD，她连题都不看，对着答案忙碌地写着。我蹲下身子，微笑着对她谈："这样补作业，管用吗？你是在努力欺骗自己呢！"她不好意思了，立即合上书本，趴在书桌上沉思了……

微笑着的天效（化名）。这节自习课上，天效没有学习，一副真的很放松的样子。他的书桌上只有刚发的校报，认真地读着。同时给我发出了三次示意：第一次是指着我在这期校报上的思想者专版《散步的水之边走边悟》，是我从自己博客上挑选的对全体学生有教育意义的案例故事，目的就是想给学生一些思考，明理善行。他指着，对我笑着，并且举起了大拇指，原来他是在夸我呢。学生也懂得赏识老师了，我俯下身子对他表示了谢意。第二次示意是给我看上学期学校表彰中出现的优秀名单，他的笑脸同样是那样纯真！第三次示意我看了李老师的《怎样写读书笔记——我的读书笔记观》，并且用手一再指着李明老师的名字笑着，我知道他是在向我说："还有我们的美术老师呢！"

学生的笑，充满了对美的享受、对善的向往、对真的追求！

谁说我们的学生不向善？从这节自习课上，我读到了学生的善，欣赏到学生的善，分享着学生的善！

这节自习课，学生在向善中走过，也给我留下了更多的思考。

每一个日子既是昨天的重复，又不是单纯的雷同。记得忘却烦恼，每天收集幸福，把那些细小的、温暖的、可爱的、自我的都收集起来，装进胸膛，某一天就会发出灿烂的光芒。收集给他人的一个微笑，收集暮色里的一份思念，收集一系列稀奇的点子，收集每一个动人的细节……每一次小小的捕捉和改变，只为行走时多一份温暖和感恩。

记得每天收集学生成长的一个个美丽瞬间，因为这才是我们想要的幸福。

03

第三辑

把你放在我的手心里

走近你，温暖我

不是有些问题学生不可以变好，而是老师缺少对他们的关注、对他们的认可、对他们的鼓励、对他们的关心、对他们的关爱！老师的一个温暖的笑脸、一个鼓励的眼神、一次轻轻的抚摸、一句贴心的问候，说不定就会在学生心里荡起不小的涟漪，种下希望的种子，激起奋发的勇气，扬起自信的风帆！

一、走近冠林

尊敬的家长：

您好！我是冠林（化名）的政治老师。在课堂上，我一直关注着孩子的发展，不断激励着他前行，冠林一天天地进步着，我很高兴！不知他在家里情况怎样，希望我们能携起手来，共同为了冠林的进步而努力！谢谢！如您方便，有时间可把孩子在家里的表现或有什么需要我帮助的告知我，好吗？以便我们做进一步的交流。为了孩子的发展，让我们共同加油！

以下是这学期开学以来我和冠林的交流情况，因为是每天上课后急着写的，可能有些言语不是很恰当，请审阅并多担待！

1. 他主动去给同学送书了

在讲台上，我发现还有一本《中考指导》没有学生拿走。我一看是小拯（化名）同学的，就问学生。一女生往后指了指，没有动。这时，冠林同学站了起来，拿着书本就给小拯同学送过去了。我的欣喜油然而生。因为在前几天，我跟孔老师说我来担任小坤同学的导师时，他说你也当冠林同学的导师吧，就是在最前面坐的那个男生。我笑了笑，没说什么。可今天孩子的表现不错啊。在他送书回来坐在自己位置上后，我发自内心地说了声"谢谢你"。他微笑着！在让学生到黑板上板演时，我尝试着让他默写一个很简短的问题答案。他笑了笑，看得出是没有勇气答应我，可能是以前很难有机会表现自己吧，一时很难适应。我说："那好吧，下节课我们再欣赏你的精彩表现。"后来在讲课结束时，我又在全班面前表扬了他乐于助人的品质。我想，今天这节课对他应该有不小的影响吧。

2. 他在慢慢地前进着

在默写前，我让学生先回忆一下上节课的知识。我来到冠林的身边，低下身子，对他说："你可以选择一个比较好背的问题的答案，好吗？"并帮他挑了"怎样珍惜受教育权利，履行受教育义务"。在背了几分钟后，我问他是否背会了，他点了点头。于是我就让全体学生都开始默写。冠林默写得很好，在后来对其评价时，同学们用掌声对他进行了鼓励。

冠林开始主动看书、做题了，和原来形成了鲜明的对比，他在慢慢地前进着，我很欣慰。

3. 他笑了

冠林不知道什么原因，上课了还在外面等着。我随即问他："考点背得怎样了？""老师，这节课我不去默写好吗？""好啊，等你背熟了，你就提前告诉老师，再让你去。"冠林笑了。

4. 你认真背书的样子真美

今天早上在三班上课时，我看到冠林认真背书的样子，心里很高兴，不由得俯下身子，微笑着对他说："背得怎样了？看看哪个比较容易背。"他却对我说："老师，我默写最长的那个题！"接着又背了起来。看着他那自信的样子，我的心里乐开了花！学生一步步、一点点地进步着，不正是老师所期望的吗？后来在全班同学面前，我又一次表扬了他，同学们都显示出很羡慕的样子。他很自信地走上讲台，并且默写得非常好！冠林，好样的，加油！

5. 感觉他有些淡漠

今天上课时看到了冠林同学，他看上去是在背书，可是和原来相比有点不大一样，精神不是很好。我俯下身子，笑着问他："冠林，上节课老师没有看到你，你做什么去了？""我陪同学看病去了。""哦，那这节课还能去展示自己吗？""老师，我上节课没来，可以不去吗？""没关系的，可你要努力哦！"冠林，加油！老师祝福你！

6. 今天我给他信心了

今天的冠林倒是没看出有什么不一样的地方，也在看书。但我想，还是要及时给他鼓劲，又俯下身子，轻声地鼓励他："长的记不住，可以记稍微短些的。"我们应如何养成亲社会的行为"，要点清晰，只要记住关键词即可。"他不停地点着头。不管怎样，我不能放松给他加油，即使他走得再慢，我还是会陪着他的，我期待着他的每一个小小的进步！

附：

冠林家长的来信

敬爱的张老师：

您好！您记录的不仅仅是冠林成长和前进的足迹，字里行间，渗透着您对冠林成长和前进的心迹。张老师，您辛苦了！我们由衷地感谢您！您在冠林跟前一次次地俯下身子，让我们感受到的不只是您与冠林身体的接近，更是拉近了您与冠林之间心与心的距离。您一次次地俯下身来，冠林也一定会感受到老师对他的关爱和亲近，站在他面前的已不是一位高高在上的师长，而是一位平易近人的朋友、一位具有谦逊品格的挚友。您在与冠林谈话时，用呵呵的笑声记下了您与冠林谈话时轻松的氛围，在冠林心中也就不会留下紧张的心情，您的微笑也一定在他心中留下了美好的回忆，而且这种美好的心情一定会陪伴他健康地成长。您是一位成功的老师，而我却是一位失败的家长。

关于冠林：

1. 习惯

我有一个叹气的毛病，而且已养成习惯。在我看来，叹气可能是对一时不快心情的释放。而对冠林来说，可能已经对他造成伤害，他认为我是在对他的行为和习惯不满意。其实不是这样的。既然我的这一坏习惯已经对他心理造成压抑，我一定改正，并尽快消除对他的不利影响，也希望我们能相互监督，都能养成好的生活及学习习惯。

2. 好奇心

孩子总是会犯一些错误。一次犯错后，我问他："为什么会做这种事？"他说："好奇。"而且反问我："你为什么只盯着错误不放，你就不能看到我好的一面？"我问他指哪一方面，他说："好奇，说明我有好奇心。"是的，正是因为我们有好奇心，才使我们有求知的欲望和创造的能力。但我只能从另一方面教育他，好奇心的驱使有可能会因为抵挡不住诱惑而犯下更大的错误。要有好奇心，更要有自制力。我不知道我教育得对不对，也不知道他能不能听进去，但我对他缺乏关心、缺乏沟通，更缺乏发现却是真的。

3. 花钱

我们的家庭并不算富裕，这使得冠林养成了不乱花钱的好习惯。他不讲吃穿，不乱要东西，给他的零花钱也不会超过20元。但我还是希望他在花钱时，或者给同学过生日需要买礼物时，能和家长商讨一下，该花的钱我们绝对不会心疼。

4. 关心人

几天前，他的奶奶病了，他利用清明节放假的时间专程回了一趟老家看望。不想由于冠林的探望，我母亲的病竟然好了大半。我爱人在2008年得了场大病，这两年一直养病在家，今年春节后才找了份工作，冠林还时不时地问妈妈：会不会有毒？会不会过敏？会不会太累？……冠林懂事了，会关心人了。前几天开家长会，我在路上出了点意外，受了点小伤。当时我打电话给他妈妈，让他妈妈去开家长会，而他却打电话让他妈妈先不去开家长会，而是先去看我。我很感动，谢谢冠林。

5. 形象

爱美之心，人皆有之。冠林在这个年龄段特别注重自己在同学和老师心中的形象，总想把自己最好的一面呈现给大家。张老师给予他表扬和鼓励，让他很自信地走上讲台。您给了他展现自我的机会，说明老师没有忽视他，而是重视他。在这里我能告诉冠林的是：良好的形象，也要靠自己来创造和维护。

师心如明镜。在张老师的每一个字中，我读到的都是深深的爱意。正是您对冠林真切的关爱，才成就了他一点点的进步。无爱不成教，您的爱是对学生的博爱，更是对冠林的厚爱。我们的冠林是幸福的，也是幸运的，因为他遇到了一位难得的良师。

再次深深地谢谢张老师！

冠林父亲

二、走近天效

尊敬的家长：

您好！我是天效的政治老师。在课堂上，我一直关注着孩子的发展，不断激励着他前行，天效一天天地进步着，我很高兴！不知他在家里情况怎样，希望我们能携起手来，共同为了天效的进步而努力！谢谢！如您方便，有时间可把孩子在家里的表现或有什么需要我帮助的告知我，好吗？以便我们做进一步的交流。为了孩子的发展，让我们共同加油！

以下是这学期开学以来我和天效的交流情况，因为是每天上课后急着写的，可能有些言语不是很恰当，请审阅并多担待！

1. 天笑与天效

天效，一个看上去有些呆萌的小男生，一个九班给我印象比较深刻的学生。曾因为与同学的纠纷去办公室找过我，也曾因为想提醒我上课在课前去办公室找过我。有时我去二楼上课在连廊碰到他，他忙说"老师上政治课吧"，比课代表还课代表。在同学们背诵考点时，我说："天效两字怎么写啊？"他很投入地给我讲解："原来是'天笑'，可同学们都笑我，后来爷爷就给我改了名字——天效。"看他很认真的样子，我也会心地笑了起来。

2. 天效变得这样自信了

我在九班开始上课时，看到天效可爱的样子，真的很想帮他树立起学习的自信心。我知道，他的反应比一般孩子要慢一点，于是我就给他找答案最简单的题，如"交往的三个原则"：平等待人、尊重他人、宽容他人。让他背会并去默写。这时，他所在的小组紧张起来，给他出主意，嘱咐他默写的注意事项。他很自信地走上讲台，并全都写对了。

后来我给学生梳理完考点，天效笑着给我摆手，示意让我过去，对我说："老师，您再给我画一下比较简单的题。"我好开心啊！他能主动学习，这是多么了不起的事啊！我耐心地帮他在五个重要考点中找了一个，并画了下来。

天效变得自信了，他笑了，是那样的开心！我也笑了，很开心，也很欣慰。

3. 老师好

一声"报告"后，一张笑脸就出现在我的面前：天效。"老师，我的作业忘交了，我现在交上。"我随即就说："天效，这一段你进步挺大啊，要继续努力，老师相信你，加油！"天效笑着跑开了。在一班上完课后，我刚走到二班门口，就听到后边有声音传来："老师好！老师好！"我往后一看，原来是天效在追着我问好呢。小家伙甜甜地笑着，我也给他送去了我最真的微笑。天效每天都在进步着，每天都在微笑着。祝福你！

4. 他让我教他认字了

今天在上复习课时，天效表现得很认真，有不会的字还拉着我让我教他：一是"履行义务"的"履"字，一是"日趋激烈"的"趋"字。他还忙着注音，结果却把lü写成了lv、qū写成了qi，我俯下身子耐心地给他纠正。看到天效这么认真，脸上笑呵呵的样子，我心里的欣慰感油然而生。

5. 他笑着向我招手了

今天在九班上课，学生开始做作业。过了一会儿，我看到天效在笑着向我招手，我连忙走到他跟前，他忙用手指着《说明指导》让我看，我立即就明白了：他在向老师炫耀他做作业的成果呢！我俯下身子，抚摸着他的头说："不错，你很棒的。"他的脸上乐开了花！天效，加油！

6. 让我欢喜让我忧

年级阶段检测成绩出来了，天效的成绩不是很好，可看不出他有什么不高兴的样子，我心里很不是滋味。再看看他做的试卷，"龙飞凤舞"，也难怪他的成绩这么差！我忧虑着，思考着教育他的良策……

下课后，我心情沉重地回到办公室，就在这时，天效跑过来，笑嘻嘻地问我："老师，有作业吗？"我沉重的心立即又有了些轻松，其实他还是向善的。我微笑着对他说："天效，今天没有作业，因为今天我们讲评试卷。你只要把上节课复习的内容复习好就可以了。"他离开了办公室，有些不开心。可不一会儿，他又笑着出现在我的面前，并且把《中考说明指导》带来了，让我给他圈画最简单的答案。我耐心地给他圈画了，他很开心地离开了办公室，我的心里有一种说不出来的轻松感。我欣喜着，快乐着他的快乐！

7. 老师，你一定要让我去默写

今天下午第五节课后，天效跑到办公室对我说："老师，这星期没有课了，得到下星期才能默写啊。"我说："后天上周一的课，正好下午第一节是你们班的。"他可能没有听清我说的话，说清明节放假，下周三才开学呢！我笑着说："后天就有课呢。"他忽地跑走了。第六节课下课后，他又跑到办公室说："班主任说了，后天上周一的课，那我们下午第一节就能上政治了。老师，你可一定要提问我，别问他们。"我又笑了。天效，加油！

8. 这节课给天效开了绿灯

今天一早，天效再次跑到我的办公室，连实习班主任都笑了，笑这个男孩的执着。"我一定让你到黑板上板演！"在得到我的保证后，天效放心地走了。下午第一节课，当我说出每一个团队派一个代表到黑板上板演的时候，天效所在团队的一个女生立即站了起来。我该怎么办？我马上笑着对这位女生说："让天效去，好吗？他已经申请了多次了！"同学们都同意了！天效自信地走上了讲台，并把"我们应如何养成亲社会行为"默写得非常好。在我点评的时候，班里响起了掌声。

我笑了！天效，加油！

附：

天效家长的来信

最敬爱的张老师：

您好！您的信我已于当天看过，我认为您不仅是一名合格的人民教师，更可谓是教育界的楷模、师资中的典范。就连我早在新中国成立后十余年的学涯中，也未曾遇到过像您这样对待学生的师长。为此，我代表全家十余人道一声：谢谢张老师！您的信我已反复阅读，考虑再三，正像您信中写到的，为了天效的成长与进步，针对您信中提到的关于天效的几个方面的问题与您交流和沟通。为了这个憨憨的小男生在您的精心栽培下能成功、成才，我们共同为他鼓励加油！

关于天效：

1. 基本情况

天效这个即将步入社会的青少年，自幼智商就不如那些聪明伶俐的孩子，对某些方面的问题反应迟钝。他有个性，遇到不如意爱发小脾气，听说在学校里表现尚不明显。天效的父母对他关心备至，对他的学业和不足仍是采用陈旧的教育方式，不是严厉的训斥就是体罚。到了初中，由于他们文化水平不高，辅导天效的作业也很吃力。再者天效没有顽强的毅力和决心，吃不得大苦，耐不得大劳，他对"少壮不努力，老大徒伤悲"实践得不够，对"书山有路勤为径，学海无涯苦作舟"这一名言并没有领悟好、运用好，所以天效的成绩一直没有明显的提高。还有另外一个原因，就是基础太差。

2. 对毕业前冲刺阶段的期盼

眼下毕业前的时间有限了，全家都期盼着天效能抓住这最宝贵的时间，抓住一切可利用的时间，课上认真听讲，全神贯注地做好笔记；课后认真完成作业，遇到疑难问题和同学一块探讨，需要的时候再请相关的老师给予辅导。希望天效能继续不懂就问的学风，在诸多师长的教育下，取得较好的成绩，向校方汇报，特别是向张老师报喜。

3. 祝福的话

开篇曾提及，张老师您对天效真是无微不至，多次、多方面给他锻炼提高的机会，这是难能可贵的，也是值得我们全家向您道谢的。张老师，您对天效这样的学生，一不歧视，二不贬低，反倒给他更多的关照，对天效有求必应、有问必答，不止一次在办公室、教室给他以耐心的专门辅导。最敬爱的张老师，您的所有辛劳，都使我们全家难以忘怀。张老师，由于我的水平所限，以上草书中的错误、不当在所难免，请您能给予指正和包容。

恭祝您前程似锦、阖家幸福！

天效祖父

三、走近真明

尊敬的家长：

您好！我是真明（化名）的政治老师。在课堂上，我一直关注着孩子的发展，不断激励着他前行，真明一天天地进步着，我很高兴！不知他在家里情况怎样，希望我们能携起手来，共同为了孩子的进步而努力！谢谢！如您方便，有时间可把孩子在家里的表现或有什么需要我帮助的告知我，好吗？以便我们做进一步的交流。为了孩子的发展，让我们共同加油！

以下是这学期开学以来我和真明的交流情况，因为是每天上课后急着写的，可能有些言语不是很恰当，请审阅并多担待！

1. 一张没有签名的证明

真明，一个身上有不少缺点的男生，也一直是老师们比较头疼的学生！

七年级时，他的许多表现不时浮现在我的脑海里……可是这学期升到八年级，上了几节课后，他在课上的表现让我刮目相看：表现得特别积极，课上多次举手回答问题。我观察着、欣喜着。但是这节课上，在学生完成同步学习后，我却发现真明没有完成，而是在一侧看着同桌做。我忙过去和他交流，了解到是还没发给他！是真的吗？抱着一种怀疑的态度，我让他去找班主任写证明。第二天一早，当我从三楼经过时，专门走到他所在的教室，他马上交给我了一张证明，我没有细看就来到办公室，却发现没有签名！心想，没有签名怎么可以呢！为了不打扰他上课，我马上联系到其班主任王老师，麻烦他通知真明下课后来找我。下课后，真明来到我的办公室，以很好的站姿面对我，对我很有礼貌，这让我真的很高兴！知道了没有签名，他马上说对不起，然后认真地写上名字。看着签名了的证明，我心中感慨万千！这还是那个原来学习态度不端正、不注意自己言行的真明吗？是什么使他发生了这样的变化？我思考着……

2. 同学们给他鼓掌了

今天上课一开始，"新闻播评"是真明那个团队负责，我观察着学生的一举一动，看到真明竟然是团队里站姿最好的一个，一直以非常标准的姿态站立，让我不由得对他产生一种敬畏之情！看来真明是把我规范他们行为要求的话记在心里了，真好！"新闻播评"完毕，我进行了简单的小结，对学生的优点和不足进行点评。同时，就播评时的行为规范，尤其是站姿，我专门提问了全班学生："哪个同学的站姿最好？"学生异口同声地说："真明！"我马上说"声音不齐"。学生又大声回答："真明！""同学们，我们是否可以把最热烈的掌声送给他呢？"班里立即响起了雷鸣般的掌声！此时我专门留意了一下真明，他的坐姿更端正了，欣喜的感觉油然而生！

3. 孙中山先生的话在激励我

午饭后，我和王老师联系，让真明来我办公室一趟。他可能是一路小跑过来的，脖子上面有细小的汗珠。我和他聊起开学这段时间的表现，表示很高兴看到他这学期的进步！另外，我又表现出很诧异的样子："为什么会有这么大的进步啊？"他表现出很激动的样子："老师，我一定能坚持！我一直用孙中山先生的话在激励自己：'革命尚未成功，诸君仍需努力！'我一定好好努力，将来为国家做贡献！""好的，老师相信你！"

我和他聊起开学以来最开心、最美好的事情，他说帮同学解答物理题是他感觉最美好的事情。我问是不是很有成就感，他忙说"对！对！对！"我紧接着说："要想让这种成就感持续下去，自己更要好好努力才可以。"他点头说是，还说和同学们相处很好，可以互帮互助是一件美好的事情！

"这块点心，老师奖励你。"和真明谈到美好的东西要分享时，我把桌上同事送给我的一块中秋月饼递到他手里，说我没舍得吃，送给他吃，作为开学以来他进步很大的奖励！真明忙说："我要回家和爸妈分享。"我的心里顿时一热：真明好懂事啊！我说："好的，老师期待分享你们一家人的快乐瞬间、美好时刻！

谈心愉悦着我们师生彼此的身心，共同期盼开心时刻的到来，一起见证着彼此成长的美好……感恩有你，我的真明！

4. 这块小点心，和美了一家人

八月十五的晚上近10点，我收到了真明爸爸发来的真明的文字分享。我高兴着他们一家的团团圆圆。可是在这些分享里，我隐隐约约感觉缺了点什么，缺什么呢？一颗感恩之心。

感恩是我们每个人都应该有的。可是，真明心里能给感恩留存多少空间呢？我们曾经开过"感恩母爱"的班会，现场做过调查，很少有学生能记得父母的生日，知道爸爸妈妈喜欢什么、爱吃什么饭菜。我曾经读过一篇文章《妈妈爱吃鱼头》，母亲的爱无处不在，可是我们的学生只记得自己的生日、自己喜欢吃什么。只要自己想法不被父母认可、自己的愿望得不到满足、自己的需求得不到实现，就会把怒火发泄在父母身上，或者埋藏在心里，逐渐变成和父母对着干，不听父母话的理由。

感恩，有时真的感觉有些奢侈，有时更是感觉很无奈！当父母的为孩子付出，一直被认为是尽义务；当老师的为学生付出，更被认为是理所应当！所以，孩子不感恩、学生不感恩似乎也说得过去了。

读着真明的文字，说实话，我最高兴的是看到他们一家的和和美美；最欣慰的是他的懂事，可以按老师说的去做，懂得了分享；最失落的是我没有读到他对父母的感恩、对老师的感恩！说实话，一块小点心算得了什么？现在想想当时的初衷，或许是想为他们一家人的和美创设一个条件，或许是想让他感觉到老师对他的关爱，或许是想培养他的感恩之心，或许……

我欣喜着真明的懂事，期待着真明的感恩！冬天已经到来，春天还会远吗？

5. 他的好站姿哪儿去了

今天课堂上真明表现还算比较积极，可是当他起来回答问题的时候，他的站姿发生了变化：原来笔挺的站姿没有了，而是躬着身子，双手扶着桌面。看来好习惯不是靠心血来潮，不是靠铮铮誓言，不是随便说说而已。依稀记得上周和他谈心的时候，他曾说过的话："老师，我一定可以坚持！"但是过了一个周末，真明怎么会发生这样的变化？他的好站姿哪儿去了？这个问题不由得引起了我的思考……

好习惯，好人生。一个良好习惯对真明来说，的确是非常重要的。可是，养成这个好习惯绝非一日之功，需要真明的坚持不懈、持之以恒！没有一步一个脚印的扎扎实实，没有周而复始的经常锻炼，一切都是空谈！真明，老师真的很希望你可以坚持下去，变成自己喜欢的样子，加油！

真明的这个案例，让我想起了我们做教育。其实，教育同样需要我们老师的坚守。期待真明的表现可以有所改观，期待所有的美好都不约而至！

　　附：

真明家长的来信

尊敬的张老师：

您好！您发的短信收到。首先非常感谢您对孩子如此的关注，更感谢您对他的细心和用心！其次是想表达我和他妈妈对您的感激之情和感恩之心。孩子在中学阶段遇到您是孩子的福分，更是我们一家的幸运。

真明在家里算是一个比较听话的孩子，各个方面还算说得过去，就是性格有时比较执拗，喜欢钻牛角尖，不大务实，学习也不扎实。在他身上我们也没少花费气力，只是收效甚微。孩子平时和我们的交流不是很多，喜欢一个人独处。所以，我们非常需要张老师指导一些好的教育方法。与其说收到您的一份书信，不如说是收到您对孩子的这份爱。看得出来，您很喜欢他。因为只有深爱孩子的老师，才会这样关注孩子、关心孩子、关爱孩子。孩子在人生求学的关键时段可以遇到您，真的是我们全家的福运！

期待真明在张老师和其他老师的教育与引领下，可以更好地学习和成长。再次感谢您！

真明父亲

我的心中不能没有你

一、同学，老师和你同桌

2011年3月18日，我随姜主任参加市教育局的送课活动，在陵城镇中学九年级二班上了一节思品复习课——"走科教兴国之路"。为了更好地落实姜主任在实验中学跟进式研讨会上提出的面向全体学生观点，加大检查背诵的广度，增强背诵的实效性，我实行了同位之间互相检查，然后再选学生展示的方法。就在我宣布的同时，忽然发现最后一位学生一脸茫然的表情，再仔细一看，原来他没有同桌。于是我灵机一动，对全班学生说："最后一位同学自己一桌，我去当他的同桌。"班里其他同学的目光"唰"地一下集中到那个男生的身上。我感觉，这目光里有对他的羡慕之意，更有对我这个老师的崇敬之情，好像在说："这个老师真有意思。"学生们很积极地相互检查起来，我也说话算话，随即走到那位男生面前，俯下身去，检查他的背诵情况。通过与他的交流，我发现他可能是一位学习成绩比较差的学生，但在我的多次鼓励下他依然把第一题的五个要点都背了下来，真是奇迹啊！于是我进一步对他说："老师很信任你，一会儿你站起来给全班同学背，好吗？你一定能行的！老师相信你！"男生面带微笑，很自信地点了点头。为了进一步鼓励他，我对全班学生说："现在让我的同桌给大家展示一下，好吗？"同学们都自觉地鼓起了掌。他背得稍微有一点不连贯，但毕竟是背了下来，同学们再一次把掌声送给了他。我的同桌自信地笑了。下课后，我的同桌又跑了出来，对我说："老师，谢谢您。"我握着他的手说："其实你真的挺棒的，好好努力吧，老师还想听到你的好消息呢。"

课后在与几个乡镇中学的老师交流研讨时，不少同行都认同我和那位男生同桌的做法。有的说："你真厉害，后边这么多听课老师坐在他旁边，你还能发现。"有的说，非常感动我能和他做同桌。有的说，我能关注每一位学生，面向全体教育教学，真的不错。姜主任说："你今天对他的言行，可能让他一辈子都记住你的。"我的心里涌起了一股暖流。我想，这应该是我备课时没有想到的吧，可被我及时捕捉到了，才形成了这种生成性的创意教学。

二、爱到深处情更浓

强哥：我第一次这样称呼您哦！我一开始觉得老师威严，但后来是老师脸上常挂着的笑容才让我没那么害怕。我知道自己学习差，长相不算好，性格懦弱，所以经常受同学欺负，自卑一直围绕在我身上。是强哥你在班里说"我班无后进生，我心无后进生"，我很感动！在"跨栏日记"中用心和我们做朋友，听我诉说心里话，开导我，我真的很感动……

强哥，你是我遇到的最棒的老师！在八班，我感觉很温馨！和同学们、和老师，包括强哥你，大家一起唱班歌、一起宣誓、一起在"《论语》讲坛"里感悟，真的很快乐，我发自内心的高兴！

读着小悦（化名）在毕业前夕给我的留言，看到她跟着我学习的这一年很快乐，心里不禁洋溢着一种甜美的幸福。同时，由于这是小悦和我进行的最后一次心灵对话，心底更有无限感慨。我是初三才接手这个班级的，据我观察，小悦是一个在班里受到同学严重歧视的女生：平时少言寡语，被同学们指手画脚，升旗时站队都不愿挨着她，排位也不愿和她同桌……我心中不由想起一起"跨栏"的日子。

小悦就是我们"跨栏军团"中的重要一员。如何让她在我的班级中快乐地学习和生活，成了我认真思考的一件事情。

1. "跨栏日记"引领我走进小悦的心灵世界

我深深地知道，走进学生心灵的教育才是真正的教育。要想带好"跨栏军团"，必须走进学生的心灵。可是，怎样才能做到呢？为了让学生留下"跨栏"的足迹，及时反思自己的"跨栏"情况，我决定和学生们一起写

"跨栏日记"。学生的"跨栏日记"每天都要上交，我每天坚持批阅，并且及时回答学生们提出的问题。小悦也在我的鼓励下开始写起了"跨栏日记"。在"跨栏日记"里，我慢慢读懂了她，走进了她的心灵，一年来一直在用爱、用心、用情、用坚守陪伴着她慢慢成长。

老师：

您好！我学习很差，同学们都骂我，说我是病毒，会传染给他们，所以都离我很远，都不愿意挨着我。我们团里的其他五个人都很融洽，无论我怎么做，他们都不接受我，他们都讨厌我，老想把我换走。老师，我该怎么办？

小悦：

你好！学习差点不要紧，关键是要有信心、有决心，有自己的奋斗目标！至于同学对你的看法，不要放在心上，老师会给他们做工作，和他们好好交流的！祝福你！

老师：

我没有什么强项，怎么确定理想和目标？

小悦：

你好！别这样没有信心好吗？其实，你一直进步着，老师是看在眼里、喜在心里呢！每个人都有好多优点的，关键是你有没有注意到。老师就发现你有好多优点：你从不迟到、对老师有礼貌、文明守纪、对同学很宽容……静下心来，想想自己还有哪些优点，就让它们成为你前进的动力，加油吧！

日复一日，我和小悦在"跨栏日记"中不断进行着心灵的交流，距离越来越近，感情明显增进。

还记得是第二学期，小悦的"跨栏日记"写完了一本，正当她很开心的时候，却听到了身后同学带有歧视的声音：

老师：

昨天我终于写完一本"跨栏日记"了，当我正在为这件事情高兴时，却听一同学说：××都写完一本了，我也要努力！就那么普通的一句话，我听完却很伤心。我以为，只要我好好学习，做好该做的事，就会获得别人认可的眼光；我以为，只要不断努力，就会让别人把我看成好同学、好朋友……然而，并不是这样。不管我怎样努力，在他们眼里，我永远是上不了台面的小丑，而他们却是高高在上的王子和公主！

老师，您一次次地安慰我，说我很棒。其实我也明白，我的那点"棒"和学习好的同学相比，根本算不上什么！其实我也没有必要和他们比，只要自己快快乐乐的就好。我根本没有机会考上高中，自己居然不知道自己的优点是什么、目标是什么……我的优点大概就是娴静、少言、乐观，一次次宽容别人对自己做的过分的事……

老师，我永远忘不了您每天都对我的笑！

您的朋友　小　悦

读着小悦在"跨栏日记"里有些酸楚的文字，我有些伤感，心里不是滋味，怎么办？不能眼看着她被这种消极的情绪所困扰，于是提笔和她进行了心与心的交流。

小悦：

你好！读着你如此伤感的文字，老师的心也在颤抖！我能想象出你当时难过伤心的样子，心里久久难以平静下来！你受委屈了，孩子。

在现实的学习生活中，的确存在一些强大的欺负弱小的，一些学习好的只跟学习好的在一起，他们瞧不起学习差的同学。他们总是认为，学习差的人品也差。其实他们并不知道，学习差的也想学习好，只是天生资质差而已。学习好的读几遍就会，而学习差的则要读十几遍，甚至二十几遍……就像你，你一直在努力上进着，每天都在进步，这些从我每天对你的微笑里已经得到了证明！说真的，在我眼里，在我心里，你一直是我喜欢的好孩子！老师可没说假话哦！

对于其他同学对你的言行，你能这样想，并这样做了，老师真的为你骄傲和自豪！"相逢一笑泯恩仇"是宽容的最高境界，你能做到，老师真的很钦佩你，说明你具有宽容的美德。在交往过程中，同学和同学之间难免会有一些摩擦，正如一首歌中所唱的那样："勺子总会碰锅沿，脚板总要擦地皮。"但是请记住：在这小小的天地里，我们大家生活在一起。既然如此，还有什么大不了的事总是耿耿于怀呢？"金无足赤，人无完人。""退一步海阔天空，忍一时风平浪静。"海是宽广的，所以能纳百川之水，做人应该有海一样的胸怀。老师相信，只要你能够真正做到宽容待人，一直积极上进，一定会拥有一个成功的人生！

不论何时何地，老师永远是你值得信赖的好朋友！在我们"跨栏"的最后日子里，让我们一起加油吧！祝福你！

你的朋友　张国强

正是在这种心与心的交流碰撞中，小悦逐渐变得更积极上进了，开朗了许多，慢慢地自信起来。

2. "《论语》讲坛"，一个都不能少

创办"《论语》讲坛"，用经典文化浸润学生的心灵。我每天利用早读时间，以团队为单位举办"《论语》讲坛"，让学生从经典中汲取《论语》的智慧，从而做一个堂堂正正的人！据我了解，小悦原来是从不参加集体活动的，第一是由于她的懦弱，第二是她还没有享受到集体活动带给她的乐趣，第三可能是同学们对她的歧视吧。但我带班的原则是"我班无后进生，我心无后进生"，集体活动一个都不能少！于是我专门在全体同学面前宣布，"《论语》讲坛"必须是团队的所有人参加。这样，学生就不再会不让她参加了。通过我的观察，自从她参加了"《论语》讲坛"后，性格真的开朗了许多，脸上也逐渐增加了自信的表情，语言表达能力也在逐步提高，我真是喜在心里呢！

3. 每天都要对她微笑

"一开始觉得老师威严，但后来是老师脸上常挂着的笑容才让我没那么害怕。""老师，我永远忘不了您每天都对我的笑！"

从小悦给我的留言中，我深深感到了我对她的微笑切实收到了良好的效果。是啊，每天都要对她微笑，是我给自己定的一个要求。笑一次容易，笑几次也容易，可是要对她微笑一年的时光，确实很难做到！不过，我做到了！在我的微笑里，小悦收起了恐惧感、压抑感，能开开心心地学习和生活，难道这不是一件万幸之事？正是我坚持对她微笑，使得一个被同学们歧视的学生逐渐找回了自信，找到了温暖……

4. 走进大自然，找寻自信

春天到了，学生开始有了想走出教室、走进大自然、呼吸天然氧吧里新鲜空气的想法。小悦却说，从来没出过远门。为了让小悦找回自信，我鼓励她和我们一起去。没想到，还真让她增加了自信心呢。

老师：

第一次体会骑自行车这么累，腿很酸。不过，这次春游证明我也没那么胆小。只是爬山的时候，背包有点碍事。真的是上山容易下山难，路很滑，一不小心后果很难想象……我真是太棒了！上山的时候，我是第一个爬上山顶的女生。下山的时候，我也是第一个到达停车的地方。本来我以为我是最后一个下山的，没想到……虽然很累，但这是毕业之前最后一次春游，再累也值了！

小悦：

我想，自信应该是你这次清明之旅最大的收获！同时，你也向同学们证明了，你是最棒的！其实，你做什么都可以的！加油！

小悦毕业了，可我们一起"跨栏"的日子却难以忘怀，我们之间建立起来的真挚的友情还在延续着……

面对这样一个在班里受到严重歧视的女生，我通过面带微笑、不抛弃、走进学生的心灵、带她走进大自然等教育途径，使她逐渐上进着、成长着、快乐着……

所以，我们的教育要用爱来经营，因为"没有爱就没有教育"；我们的教育要用心来经营，因为"认真只能做对，用心才会做好"；我们的教育要用情来经营，因为"情到深处泪自流"；我们的教育要用坚守来经营，因为"没有坚守就没有美丽的教育"。

没有爱就没有教育。著名教育家雅斯贝尔斯曾说："教育的本质意味着一棵树摇动另一棵树，一朵云推动另一朵云，一个灵魂唤醒另一个灵魂。"一片叶子是一种精彩，融入了爱便成为浓浓绿荫。

爱到深处情更浓……

04

第四辑

站在烦恼里仰望幸福

现实教育里不得不说的无奈

  事情虽然过去一些时间了，可我仍然无法忘记那天上课时发生的令人心寒和难以接受的两幕：

  上午最后一节课，发生了两起让人愕然和心寒的事情。首先是吴××同学的率先"发难"（这学期我进行了上课改革，实行团队教学，上课时每一团队要围坐在一块）。刚一上课，我就发现教室右边的座位上空荡荡的，而中间很拥挤。于是我让徐××的团队坐过去，有四位学生立即就过去了。当时我也没在意，继续上课。可当进行团队合作的时候，我发现这一团队的吴××同学还坐在原处，也没有参加任何讨论，于是我对他说："你怎么没有过去呀？"他立即对我回应："你不是嫌拥挤吗？我不去！"我愕然了，但没有发火，又对他说："你过去吧，这样没办法参加讨论啊。"他却说："就是不去。"我心寒了！只好说："那你就自己一个团队吧。"然后继续上课。可能是我对这位同学的宽容，引发了另一位学生的放肆。过了不久，我发现卢××同学没有做学案，便问他："你怎么不做学案呢？""我不做！上面有十班同学的名字。"（由于这个班是最后一个学本节课的，学案不够，可能是有十班退回来的）"那你把名字划掉不就行了吗？""不行，不是我的，我就是不做！"这时，他的笔也掉了下去。"把你的笔捡起来吧。""不捡！这是我的，我想怎样就怎样！"我又愕然了！这时，我发现有不少学生都用异样的眼光看着这个同学，表示出了愤怒之意。我的心里也非常生气了，一直在进行着复杂的思想斗争。可我毕竟是在后进生转化方面历经磨难的老师，什么样的风雨没有经历过呢？最终还是理智战胜了情感，我很沉着，同样也没有批评他。

可是课后我的心里却无法平静下来：这是怎么了？是我做错了什么？还是学生怎么了？我心寒着、反思着……思来想去，发现自己没有做错什么啊，可为什么这两位同学会对我这样呢？为什么我一直以为师生关系很和谐的班里会出现这样不和谐的情况呢？当天下午，这两位学生就主动来到我的办公室，我没有批评他们，而是让他们好好反思自己的所作所为。

第二天下午的政治课上，这两位学生当着全班同学的面做了深刻检讨。

学生（吴××）反思：

对不起，老师，很抱歉！都是我的错，请您原谅，当时的冲动也请您谅解。一时的冲动酿成了我们之间的代沟。当时我是看那么挤，想等讨论时再过去。我的错误在于没给您说清楚，更不该与您顶撞，上课前我和同学间有点小摩擦，所以有些坏情绪，我不应该把个人情绪带到课堂上。您是一位慈祥的、和蔼的、宽容的老师，原谅我吧！

希望得到您原谅的人　吴××

学生（卢××）反思：

一张写着别人名字的学案，一支不知从哪拿来的笔，一段属于我们之间不和谐的对话，使我们的矛盾迅速升级。其实，责任在我。为了学习，写着别人名字的学案算什么，就当是写错了几个字不就完了吗？可是，别人都是新卷子，而我的却有名字，心里难免有些不平衡。那支笔是它自己掉下去的，而不是我发脾气摔的。那段对话也只是我一时的气话，请您原谅我！

老师，对于昨天的事，我感到非常抱歉。近几天，由于发生了一些我不愿看到的事情，心情过于失落，心里也产生了许多叛逆的想法。在课堂上，当我看到吴××的行为时，误认为他的做法很男人，很有骨气，所以才发生了一连串不好的事情，对此我要做深刻的检讨。学生是来学习的，而老师是辛勤的园丁，所以我们要尊敬老师。作为我们班集体中的一分子，要以集体利益为重，而不能因为自己的情绪扰乱了班级秩序。我的做法是错误的，希望得到老师的原谅。

希望得到您谅解的人　卢××

　　从这两位同学给我的反思中可以看出，他们之所以有些不冷静、顶撞老师，是因为他们都把课外的消极情绪带到了课堂上，事情的导火索是一上课某个团队位置的调动和那张写有别人名字的学案！当然，也可能与我的说话语气不是很温和有关，由此也引发了我更多的思索。现在想想，正是我当时克制了自己，以理智控制了自己，才使我和这两位学生能够平等、真诚地交流，才使他们能够充分认识到自己的错误，从而能够勇于担当，认真改正错误。虽然我当时很心寒，但看到他们能正确认识并决心改正自己的错误，我的心里又涌起了一丝暖意，这不正是我们的教育目的吗？我们的学生都是在犯错误中成长起来的，所以要允许学生犯错误。作为老师，关键是要给学生认识错误和改正错误的时间和空间，因为认识错误和改正错误需要一个过程。

　　我想，如果老师尤其是班主任在日常的教育教学工作中能用心把这些做好的话，理智对待学生的不敬，做到"热问题，冷处理"，那么学生将会把"不敬"变成对老师由衷的"尊敬"。"不敬"事件会越来越少，我们也将不再心寒，我们的教育生活也会暖意融融。

因为懂得，所以慈悲

班级问题堆成堆

孩子教育我问谁

悄悄问伙伴

方法在哪里

方法在哪里

说什么无法沟通

怕什么逆反难违

只要心中有爱

教育就会有智慧

爱恋伊

爱恋伊

教育才会有智慧

这是我根据《西游记》插曲《女儿情》改编的关于学生问题的教育歌曲，从某种意义上说明了在现实的教育中班主任的无奈、无语和无助！做班主任这些年，我有近10年的问题班级管理经历，对于后进生的教育转化工作感触颇深！当有些老师还在为班里的某个问题学生感到很头疼、不知所措的时候，而我却一直在陪伴着这些问题学生，整天过着"与狼共舞"的日子，可我更多的是感到很开心！在我看来，关键是班主任有什么样的教育理念，有什么样的教育言行，有什么样的教育智慧，有什么样的教育心态。关键是班主任是否有一颗童心，有没有把自己也当成学生来看待学生出现的这样或那样的问题，进而宽容我们的学生、善待我们的学生！

"因为相知，所以懂得；因为懂得，所以慈悲！"这是著名作家张爱玲女士说过的一句话。作为班主任，必须要知悉教育规律，知悉中学阶段学生身心发展规律。犯错是学生的常态，宽容是我们陪伴学生成长的柔和剂，要让宽容流淌在我们的心里，怀揣着平和的心态，接纳学生成长过程中一些让我们头疼的表现，也许纠结和痛苦在所难免，但是若能够冷静地站在学生的立场设身处地地想一想，把自己当作学生，所有的心烦意乱便会慢慢释然！"你若安好，便是晴天！"教育中，总有着太多的身不由己，学会包容和善解人意，所有的纠结便会云淡风轻！给心开一扇窗，让阳光照进来，岂不更好？

因为懂得，所以慈悲！是的，只要老师关注和走近这些问题学生，只要了解这些问题学生，只要还牵挂着这些学生，只要还有欣赏的目光和鼓励的眼神，只要还对他们充满期待，我相信，一定可以读懂他们，一定愿意给他们成长的机会、平台、空间和时间，一定会思考如何在平时的学习生活中尊重他们、宽容他们、善待他们，一定可以站在烦恼里仰望幸福！

有一篇文章这样描述："先贤说，把心静下来，什么也不去想，就没有烦恼了。先贤的话，像扔进水中的石头，而芸芸众生在听到'咕咚'一声闷响之后，烦恼便又涟漪一般荡漾开来，而且层出不穷。幸福总围绕在别人身边，烦恼总纠缠在自己心里。这是大多数人对幸福和烦恼的理解。"后进生以为考了高分就可以没有烦恼，贫穷的人以为有了钱就可以得到幸福。结果是，有烦恼的依旧难消烦恼，不幸福的仍然难得幸福。烦恼永远是寻找幸福的人命中的劫数。有的人本来很幸福，看起来却很烦恼；有的人本来该烦恼，看起来却很幸福。活得糊涂的人，容易幸福；活得清醒的人，容易烦恼。这是因为，清醒的人看得太真切，一较真儿，生活中便烦恼遍地；而糊涂的人计较得少，虽然活得简单粗糙，却因此觅得了人生的大境界。一个人总在仰望和羡慕着别人的幸福，一回头，却发现自己正被别人仰望和羡慕着。

其实，每个人都是幸福的。只是，你的幸福常常在别人眼里。就像卞之琳在《断章》里写的：

你站在桥上看风景，

看风景的人在楼上看你。

明月装饰了你的窗子，

你装饰了别人的梦。

站在烦恼里仰望幸福

一、要坚守后进生教育的底线

后进生的教育，底线应该是什么呢？根据我的教育探索实践，应该是如何更好地维护学生的自尊心，而不是使其丧失。

"不抛弃，不放弃"应是我们教育工作者呵护学生自尊心、坚守后进生教育底线必须坚持的原则！

不抛弃，是说我们从心里不想把学生排斥出班级、推出校门，这是教育转化后进生的基础。只有这样，我们才会"枕着你的名字入眠"，才会"在心里从此永远有个你"！

不放弃，是指不放弃我们心中的教育信念、理想与追求、应该坚持的原则以及由信念、理想、追求与原则换来的努力与拼搏，不放弃最后一刻成功的机会，不放弃任何成长与净心的机会！在不抛弃学生的基础上，进行问题诊疗，想方设法，采取各种积极的教育措施，用爱等待花开，用心聆听花开的声音，用情和学生一起徜徉在花的海洋！

二、教育转化后进生始于尊重

在我们的教育对象中，有这样一类学生群体，无论是学习还是道德品质都存在诸多问题，他们被称为"后进生"，让老师头疼。他们上课时经常忘带课本，不准备学习工具，要么呆呆地坐着，要么常有一些令老师哭笑不得的举动。如何做好后进生的转化教育，是摆在教育工作者面前的难题。

目前，关于后进生转化教育的理论和实践中，真正具有可操作性的教育举措着实不多。其中，后进生转化教育的底线问题应当是关键所在。我认为，老师对后进生的转化教育最重要之处应是维护他们的自尊心，一个学生如果丧失了自尊心，就会破罐子破摔，什么都不在乎了。

据我所知，当前有以下几个方面教育因素伤害了学生的自尊心：学校和班级内进行成绩排队，把学生的考号按成绩排序，导致后进生抬不起头来；班级内按照考试成绩排位，第一名学生先挑位置，依次选座，使得后进生总是被甩在教室后面的边边角角；把犯错的学生名字公示在黑板上，让后进生承受心理压力；任课老师在课堂上忽视后进生的存在或讽刺、挖苦他们；班主任让后进生请家长，甚至把后进生请出班级或校园，使他们的心底蒙上难以抹去的阴影。

根据多年教育转化后进生的探索与思考，我认为"不抛弃，不放弃"原则应是教育后进生坚守的教育底线。不抛弃，是说老师内心并不想把学生排斥出班级或推出校门，这是教育转化后进生的基础。不放弃，是指不放弃我们心中的教育信念、教育原则，用心读懂每一个后进生，主动进行问题诊疗，用爱等待花开，给后进生一双隐形的翅膀，让他们飞得更高、更远。

美国心理学家詹姆斯说："人性中最深刻的禀赋是被赏识的渴望。"不是聪明的学生常受表扬，而是表扬会使学生更聪明。

鉴于此，我在教育实践中会用心发现后进生身上的闪光点，适时进行激励和赏识教育，鼓励学生反思自己的得失，根据他们的反思写班主任寄语。如某学生在反思时说："我觉得今天上课时基本上可以把每课的知识点记下来、掌握住，遇到同样的习题时不会再犯错误，我想明天我会表现得更加出色！"我给她的寄语是："为你今天的优秀表现喝彩！老师为你取得的进步高兴，老师相信你。"看似简单的对话，让我及时捕捉了学生的心理活动，并将赞美之意传送到学生心中。学生从教师的寄语中获得肯定，也会更加努力学习。

我在带班时，评价学生的方式经历了以下过程：先表扬、后批评——多表扬、少批评——大胆地拿起表扬的"武器"，把批评巧妙地变为交流、提醒与友情提示。我仅仅接手班级一个学期，整个班级的学习风气就明显好

61

转，学生学习的热情空前高涨，学习成绩逐步上升。所有任课老师对此都感到迷惑不解：这个班怎么会有如此大的转变？难缠的学生怎么变得懂事了？因为我极力维护学生的自尊心，从未在全班学生面前点名批评过学生，也没有在黑板上公示有缺点或犯错误的学生。此举深得学生之心，收效甚大。

当后进生出现这样或那样的问题时，教师的处理态度和方式很重要，不在全班同学面前批评学生，而是同他心平气和地谈心交流，使其认识到自己的错误，并教给他改正的方法。这样既指出了学生的错误，又增强了他的自信心，何乐而不为呢？

（《中国教育报》刊发）

三、让阳光拐个弯

1. 给爱找个理由

之一

给爱找个理由，学生的家将不再摇曳

给爱找个理由，哪怕是炭黑，也可以润色

给爱找个理由，为了困难家庭美好的精神寄托

给爱找个理由，更为了学生乐观地享受生活

给爱找个理由，我们的表情将不再冷漠

给爱找个理由，再和学生说话，语气会变得更温和

给爱找个理由，我们的眼神甚至会含情脉脉

给爱找个理由，我们将不再为学生的另类表现产生困惑

今天

当爱不太敏感的时候

我们是否

走向学生的背后

给爱找一个理由

学生的心灵深处

爱也会开花结果

一代代相传

过着快乐幸福的生活

之二

给爱找个理由，对学生的目光也会更加和蔼慈祥

给爱找个理由，爱的教育之旅将不再彷徨

给爱找个理由，面对后进生将不再惆怅

给爱找个理由，爱的教育之旅将不再迷惘

给爱找个理由，我们将不会再埋怨家长

给爱找个理由，我们的家访也会更正常

给爱找个理由，老师与家长会温馨地交往

给爱找个理由，家校合力将变得更大、更强

今天

当爱不太浓烈的时候

我们是否

给爱找一个理由

牵手家长

搭起爱的桥梁

让学生拥有温暖的臂膀

学生的未来何愁不辉煌

之三

给爱找个理由，就会培养教学机智的艺术

给爱找个理由，还会允许学生犯美丽的错误

给爱找个理由，课堂就会面向全体学生

给爱找个理由，学生在课堂上就会感到快乐幸福

给爱找个理由，就会正确对待学生的错误

给爱找个理由，对学生还会百般呵护

给爱找个理由，对学生就会全神贯注

给爱找个理由，师生才会和谐相处

今天

当爱不太智慧的时候

我们是否

给爱找个理由

反思和感悟

捕捉教育教学契机的艺术

全力以赴

直抵每个人的心灵深处

为我们深爱的教育铺平道路

2. 爱优生，更爱后进生

道不尽后进生难管

诉不完师生恩怨

口口声声不怪咱

都是学生的错

还有家长的短

教育之路还很远

优生当然人人爱

后进生要靠谁来陪

渺渺茫茫来又回

带班情景再浮现

全是酸甜苦辣咸

轻叹教育有多难

爱优生

更爱后进生

所有学生都是家庭期盼

好老师

全新理念

壮志豪情四海远名扬

教育短短几个秋

不做不罢休

一边想着优生

后进生在心头

来呀来个秋

不做不罢休

愁情烦事别放心头

这是我根据《爱江山更爱美人》改编的一首教育歌曲。歌曲里有我的教育故事，有我的教育理念，有我的教育践行，有我的教育思考，有我的教育心态！

3. 笑着看他，而不是怒着瞪他

当老师面对问题学生的不良表现时，第一反应就是反感，觉得学生怎么这样可恶，于是脸上开始晴转多云，一副怒气冲冲的样子，让学生感觉暴风雨就要来了！所以，这时学生的表现一般是畏缩，有一种恐惧感。

其实，当我们遇到学生的问题时，可以笑着看他，用微笑的力量感化他，让他有做错事后悔的感觉。这样，既会减少双方的情绪激化，避免更坏的表现出现；还会让学生对老师心存感恩，无形之中加深了师生关系，为更好地交流奠定了良好的基础。

因此，笑着看他，而不是怒着瞪他，是我们面对问题学生时的首要选择。

4. 不要过早下结论

一小朋友拿着两个苹果，妈妈问："给妈妈一个好不好？"小朋友看着妈妈，把两个苹果各咬了一口。此刻，母亲的内心有种莫名的失落，孩子慢慢嚼完后，对妈妈说："这个是最甜的，给妈妈。"其实，在我们的教育旅途中，不时会遇到这种别样的风景。

我不由得想起以前在餐厅门口值班时发生的一个故事。午饭时，我照例在餐厅里巡视学生就餐，在门口监督学生摆放餐具的情况。看着学生安静地就餐、有序地摆放餐具，我心里非常欣慰。这时，九年级一个班级整队后有序走进餐厅。突然，有一学生从队伍后面直接跑向餐厅门口。"他想先进去吃饭！"我马上就这样想。可是学生后来的做法让我愕然：原来他去掀起帘子，给同学们提供方便！此时，我的心里除了温暖之外，更有为自己一开始有的想法而惭愧！

记得《吕氏春秋》中有一段，讲孔子周游列国，来到陈国与蔡国之间，因兵荒马乱、路途困顿，三餐以野菜果腹，大家已经几天没吃一粒米了。有一天，颜回好不容易要到了一些白米，就下锅煮饭。饭快熟时，孔子看到颜回掀起锅盖，抓了些白饭往嘴里塞。孔子当时装作没看见，也不去责问。饭煮好后，颜回就请孔子进食。孔子假装若有所思地说："我刚才梦到祖先来找我，我想把干净还没人吃过的饭菜，先拿来祭祖先！"颜回顿时慌张起来，说："不可以的，这锅饭我已先吃了一口，不可以祭祖先了。"孔子问："为什么？"颜回涨红了脸，嗫嚅地说："刚才在煮饭时，不小心掉了些灰在锅里，因为把染灰的白米饭丢了太可惜，我只好抓起来先吃了，我不是故意把饭吃了。"孔子听了，恍然大悟，对自己的误解非常内疚，于是抱歉地说："我平常对颜回是那么的信任，然而这次却如此草率地怀疑，并得出一个有损他名声的结论，实在是我的过错啊！"

以上事例都告诉我们：在没有弄清学生的真实动机和状况时，最好不要轻易下结论！因为学生一直处于成长的过程中，处于发展变化中，或给我们喜悦，或让我们失落，或让我们头痛，或让我们感动……在日常教育教学中，有时我们会给学生过早下结论，贴上负面标签，而这种标签有时又会对学生起到一个心理暗示作用，使得他们继续往负面发展，对学生的成长极为不利。学生还只是个孩子，性格和行为都是可塑的，或许我们再多些耐心，就能把他们身上不良的习性改掉。不过早地给学生下结论，以发展的眼光看学生，是对教育的尊重，也是对学生的保护！作为教育者，在以后的教育旅程中，面对学生的种种表现，是否能做到不过早下结论呢？

四、给学生留一片叶子

我曾经读过美国作家欧·亨利的小说《最后一片叶子》：病房里，一个生命垂危的病人从房间里看见窗外的一棵树。在秋风中，叶子一片片地掉落下来。病人望着眼前的萧萧落叶，身体也随之每况愈下，一天不如一天。她说："当树叶全部掉光时，我也就要死了。"一位老画家得知后，用彩笔画了一片翠绿的树叶挂在树枝上。最后一片叶子始终没掉下来。只因为生命中的这片绿，病人竟奇迹般的活了下来。苏联教育家马卡连柯说："培养人就是培养他对前途的希望。"

所以，班主任对待问题学生一定要用欣赏的目光、鼓励的眼神，及时发现他的进步和闪光点，及时进行表扬和鼓励，尽可能给他希望，尽可能给他前进的信心，尽可能给他留一片生命的叶子。下面分享我面对脾气暴躁的学生和自暴自弃的学生，用爱用心陪伴他们成长的教育转化手记。

枕着你的名字入眠
——我和勇哥的故事手记

勇哥（化名），一个脾气暴躁、老是大言不惭的男生，被誉为班里违纪的一号种子选手。听原来的年级主任说，他上课前要对各班"巡视"一遍。还有就是，他还经常找校长谈心。因此，很难在教室里的座位上找到他，他不在和校长谈心，就在"巡视"各班的路上。

但第一次和勇哥见面，我却发现了他不少优点：对班级工作负责；想为班里服务，如发作业、要教室后门钥匙；对老师没有那么放肆，相反，我和风细雨地和其谈话，他也腼腆地笑笑；他还知道抄作业，对于这样的学生来说，只要还能抄作业，说明他还有上进心，没有破罐子破摔，彻底放弃自己！

当然，其缺点也很明显：脸像夏日的天气，变化很快，一会儿晴转多云，一会儿多云转晴。说话声音很大，易生气，易发火，易冲动。以自我为中心，如向同学借铅笔，人家给他了，可他却还想看人家的铅笔盒，人家不给他看，他就大发雷霆："凭什么不给我看，我又没打你、骂你、得罪你！"有时坐不住，到教室一会儿就出去"巡视"。还有打击报复心理，如今天一早揭发昨天没给他看铅笔盒的同学没值日！

我在思索着教育他的良策……

1. 办公室里的首次对话

在三楼办公室刚一落座，一个学生就匆匆闯进了办公室："我找武老师，要教室东门的钥匙！"原来是勇哥！我赶忙说："你武老师去初一了，由我来接任她做八班班主任！"他连忙与我握手。我笑着说："还请勇哥多关照啊！在八班，你可是我唯一的亲人呢！"他也笑了，然后就忙碌地奔跑于教室内外了！

2. 排位时的尴尬

班会后，我把各位主管及其成员告诉学生，还包括面对面坐的形式。学生开始搬桌椅，想不到的问题接连发生：有两位同学的名字竟然重复了！"老师，我坐哪儿？""你先坐在其中一个团队，一会儿再说。"有位女生跑过来："老师，我们那个团队就一个女生！"也是，难为她了。"那好，一会儿我再给你调吧。"有位女生跑了过来："老师，他们都不要我！"我连忙安慰她："怎么会呢，你只管按排好的坐。"勇哥也跑过来说："老师，我同桌不愿意要我！"我赶忙说："不会吧？你先按安排的坐吧。"他开始显得有些不安和着急。不一会儿，他又跑了过来，很生气的样子："老师，我宣布退出！"接着就冲出了教室。

下课后，出了教学楼，我想回到德育处拿我相机的数据线，把今天班会上的照片传到班级博客上。可刚上台阶，就有一个熟悉的声音传来："国强！"我只好退了下来，才发现是校长从车上下来找我。我忙快步走过去，看着校长的脸色，看不出好或不好，后来我才知道是勇哥去找校长了！啊？可转念一想，这很正常，符合他的个性。校长和我交流了他的情况。其实，在我接过八班的这几天里，他已经开始转变了：言行能有所控制了，看人的眼睛开始有了欣赏的目光，脸上也逐渐充满了微笑！

3. 勇哥，你真棒

今天思品课上，勇哥一直随着我的思路走，眼睛盯着我，不时地笑着。本课有三个问题，当有学生回答第二个问题的时候，我就发现勇哥的手在晃动。我欣喜着，他要回答问题了。果然，第二个学生一答完，他就举起了自信的手！他站了起来，并且回答得不错。我随即对他进行了表扬，同学们的脸上也都面带着微笑。勇哥，你真棒！

4. 和勇哥一起爬山的故事

爬山的时候，勇哥背了不少东西，边吃边听着音乐。这山爬得，太休闲了。他很大方地让我吃他的零食，我笑着对他表示了感谢，并与其合影留念，照片中的他真的好精神！

快到山顶了，老远就听到有人在喊："刘勇，好样的！"接着就有几位同学跑下来迎他，拉着他、拥着他，扶着勇哥上山顶。我想，这时勇哥的心里一定是暖融融的吧！我都在心里为学生感到高兴！

下山了，快到山脚时，我们都往停车场走。在路上，吴老师、我和勇哥一起走着。这时，勇哥忽然谈到了忍耐的话题："老师，总不能老忍耐吧？"我当时一愣，心想又发生什么事了。我没有及时和他谈自己的观点。他接着说了他妈妈被欺负的事，原来今天一早他妈妈被人欺负了，他当时气不过就动手了。我对他的举动表示了理解，又进一步对他说，在学校里可不行，对同学不能用武力解决。他点了点头。

5.老师，我这两天没犯什么错吧

今天早上下了第一节课，勇哥来办公室找我了："老师，我这两天没犯什么错吧？"脸上笑嘻嘻的样子。我也笑着看着他："应该没有吧，为什么这么问呢？""我就是看着你老是看我！""是吗？""作业我交了，上课也行，就是还没交学费。""不是这个问题！这两天你表现还不错，好好努力吧！"

勇哥笑着走了，可我却陷入了沉思。从我接过八班以来，整体上看他还是一直在进步的：到校不大再闲逛了、上课知道听课了、作业也知道做了、和同学的关系改善了、集体荣誉感也增强了……

对于这样一个让我欢喜让我忧的学生，我心中的酸甜苦辣咸五味俱全。对他，我一直在进行着赏识教育，应该说效果还是明显的。对于他的进步，最主要的是还有教育他的底线：自尊心还没有丧失！所以尽管他有这样或那样的不是，他对于自己的自尊却非常的在乎！任何难教育的学生，都是丧失自尊心的学生！

花开很美，等待花开更美

小聪（化名），一位对老师有礼貌，看似很阳光的男生，却是班里违纪最严重的同学之一。他个性很强，不喜欢学习，自由散漫，喜欢我行我素，一说就知道错，可就是自控力差；被班里孩子们称为"长发哥"；对自己放纵，自暴自弃，有一次在办公室还对我说："我不是一个好孩子！我不想好了，你别管我！"

面对这样一个学生，起初我很头疼，可经过冷静思考，我认识到：这个学生对我的班级来说仅仅是1/55，但是对于他本人和他的家庭来说却是百分之百，我如果放弃了他这一年，可能就是放弃了他的一生，可能就放弃了一家人的幸福。良知和责任心都告诉我绝不能放弃！为了转化他、改变他，我想方设法。

1.以"跨栏日记"为载体，进行心与心的交流

为了管理好班级，我把班级命名为"跨栏军团"，每天和学生都要写"跨栏日记"，与学生进行心与心的交流。所以，我充分利用"跨栏日记"与他进行了多次沟通交流，不失时机地对他进行肯定和鼓励，不断解决他生活和学习中的苦恼，并用一些成功人士的故事激励他。

2. 排位时，给他排最好的座位

面对他这样自暴自弃的学生，如果我把他调到后边，就意味着我放弃了他！于是，我把他排在第二排，周围都是学习不错的女生，尽管他一再要求我坐到教室里的最后一排。没过几天，他就追着我说要调位，想到后边去，可我怎么会答应呢！一直到中考前一天，他的位置都是很好的，我一直没有满足他的这一"愿望"！

3. 用心等待花开

小聪的头发很长了，可就是不愿意理发，怎么办呢？我不时地思考着良策。

2012年3月，市教育局教科室决定全市首届主题班会观摩课由我来上。为了让小聪理发，同时也对他进行激励，我想让他在全市主题班会观摩课上展示。于是我故意说："学校规定，发型不合适的，不能参加这次全市的观摩活动。"宣布完后，我随即把他叫了出来，在教室外走廊里和他交流了一下。可他只是笑，不表态。但我知道，他的团队会做他工作的，等等吧。

第二天，他团队的主管来找我，说小聪不想理发，我们决定放弃他，不让他参加班会了。我说再等等吧，然后把他叫到办公室，和他进一步交流理发一事。他直接说："我不想理，好不容易长这么长！""好吧，你再考虑下吧。"一周过去了，他还是没有想理发的意思，一再说长这么长不容易，理与不理一直纠结着我们的心……

班会观摩的前一天下午，我又做了小聪的工作，我说："真的这么难吗？在能给你留下一生美好回忆和理发两者之间进行选择，你真的选择不理发？真的想留下什么遗憾？头发可以再长，但这种展示机会可只有一次呢！"在我的诚恳交流与耐心教育下，他才艰难地点了头："老师，我理发去。"花终于开了！

通过我的不断观察，也发现了他的不少优点：很阳光，歌唱得不错，脸上充满了微笑，对老师有礼貌，还要求换桌子，说自己的不体面，看来他是向善的啊！不管怎样，只要他有向善心理，我就有信心让他往更好的方向发展。

他普通话好，我就推荐他担当升旗仪式主持。他果然没有辜负全班同学对他的期望，升旗仪式主持得非常成功，得到了校领导和师生们的一致好评！我还让他主持"《论语》讲坛"，并及时对他进行表扬……

功夫不负有心人，他变了！这些变化都在我的"主教练日记"中记录着：

一早看到小聪同学正在温习自己的"《论语》讲坛"内容，心里顿时有一种暖暖的感觉，孩子真的是向善的啊！今天的"《论语》讲坛"，声音最好的非小聪莫属了！特别是副校长还当场表扬了他，看得出他的心里也美滋滋的！

在今年4月份全国校园文明礼仪主题班会观摩会上，他用一曲《我相信》征服了在场的所有人。正如他唱的一样："我相信我就是我，我相信明天，我相信青春没有地平线！"

毕业前夕，他在"跨栏日记"中这样写道："老师，我以后要考个师范类学校，做个像您一样的好老师！"我喜极而泣，果然没有教不好的学生！当然，正是这种爱的付出才换回了一个个学生的健康成长！

小聪毕业了，可是我对他的付出却还历历在目，他一点一滴的变化还时时在我的脑海里浮现着……

是啊，面对这样自暴自弃的学生，老师需要对学生赏识和激励，需要对学生宽容，需要对学生用心呵护，需要等待花开，更需要"不抛弃，不放弃"！

05

第五辑

构建学生成长共同体

教育，家长缺席不得

俞敏洪先生曾经在全国政协会议上进行交流和分享：一个人在18岁之前，家庭教育是非常重要的。如果说把教育看成一棵树，那么家庭教育就是树干，学校教育是树枝，社会教育是树叶，学生是果实，这棵树的树根就是家长的成长。现实生活中，之所以家校合作存在不少问题、困难，原因之一就在于家长不成长或成长缓慢，这也会直接影响到家庭教育的质量。

当今很多家庭教育存在的问题，恰恰是父母没有从根本上改变观念，无暇认识自己、发展自己。于是，社会流行的价值观便成为他们教导孩子的方式，孩子在这种教导下无法自我发展。当孩子内在发展的强烈需求和来自父母的外在压力无法平衡时，就会出现各种各样的问题，如网瘾、厌学、孤僻等。

有个智慧的人把培养孩子总结为三句话。第一句话："孩子，爸妈没本事，你要靠自己了。"不包办，把责任还给孩子，让孩子拥有了责任心。第二句话："孩子，做事先做人，一定不能做伤害别人的事情。"讲德行，告诉孩子做人的标准。第三句话："孩子，撒开手闯吧，实在不行，回家来还有口饭吃。"无私的爱，无尽的爱！

而同样的问题，有人所说的三句话就截然不同。第一句话："宝贝，你好好学习就行了，其他的事情爸爸妈妈帮你搞定！"剥夺了孩子负责任的权利，培养出了没有责任心的孩子。第二句话："宝贝，出去不能吃亏，别人打你一定要还手！"基本的做人准则都没有教对，可能培养出"缺德"的孩子。第三句话："我告诉你，你要是再不好好学习，长大没饭吃别来找我！"有条件的爱，根本不是真爱。

以上和孩子交流的不同的三句话，显然告知我们两种不同的教育理念。在这两种不同理念的引领下，家长会产生不同的教育智慧，也会有不同的教育言行，从而孩子会沿着不同的方向成长和发展，更会结出不同的教育果实。

所以，通过多种渠道引领教育家长，使其增强家庭教育意识、担当意识，让每一个家长都能够为自己的孩子创造一个美好的未来，使他们能够撑起自己的一片蓝天。

家长和老师是教育的同盟军。

牵手家长，构建学生成长共同体

一、教育歌曲之《我想有个家》

我想有个家

一个能倾听我的地方

在我说话的时候

父母能听我讲

我想有个家

一个能给我安慰的地方

在我受伤害的时候

眼泪有人擦

我想要有个家

一个能宽容我的地方

在我犯错的时候

我才不会害怕

我想要有个家

一个能鼓励我的地方

在我考差的时候

我还能往上爬

虽然我不曾拥有温暖的家

但是我一样渐渐地长大

只要心中充满爱

就会被关怀

无法埋怨谁

只能靠自己

这是我根据歌曲《我想有个家》并依据中小学生的调查情况改编的教育歌曲。当我在家长会上给家长分享的时候，引起了不少家长朋友的共鸣。其实，了解自己孩子的真实心声，对家长教育好孩子是非常有益的。

二、听，课堂上我们的学生如何看父母

今天学习《学会和父母沟通》一课，在和学生交流到有哪些因素在影响着自己与父母的沟通时，学生的话匣子马上就打开了，争先恐后举起了手：

"我妈妈就像监工，在我做作业的时候，一直在我身边监视着，并且还说话不算话，一直在玩手机。""我妈妈骗我，把我的压岁钱要去，说是给我存着，后来我再要的时候，又说交学费了，无语吧。""我妈妈不让我看电视，可是在我写作业的时候，她却看电视，凭什么啊？""我妈妈从来不听我说话，要不就得挨打。""我自己感觉在家里已经很乖了，可是为什么妈妈还说我呢？""我都不敢作业做得很快，否则妈妈马上就要我去干这干那。""我爸爸回家很晚，回家后就一直玩手机，根本没有时间过问我的学习。""我爸爸只有在考试成绩出来的时候，才会想起管我，把我臭骂一顿。"……听着学生的满腹牢骚，我心里很不是滋味。

这就是当下的亲子关系吗？当然，学生说的话可能有些绝对，但或多或少显露出一些家庭教育问题。我们的家庭教育怎么了？

三、有效陪伴是家庭教育的必然选择

女儿是在我们无微不至的呵护下长大的。可她上了初中以后，与我们的交谈明显减少了，问她学校里的事，总是一句"不知道"就打发了我们。平日里，我们要她向东，她偏要向西；我们认为美的，她却不屑一顾；越是不让她做的她越去做，越是让她做的她偏偏不去做。原来那个乖巧的女儿到哪里去啦？难道这就是我们付出无数心血换来的结果吗？

这是一位妈妈写的日记，不难感觉她的困惑和迷茫！其实和家长在一起聊天时，家长说得最多的是："不知道怎么回事，我女儿自从上了中学，就开始不大和我说话了，回家就进卧室里不出来。""孩子最烦我在一边看她做作业。""孩子的逆反心理太重了，我说什么他都不听，还总是跟我对着干。"……

说实话，良好的亲子关系现在倒成了许多家庭很奢侈、很期盼的事情！其中一个很难解决的问题就是父母不知道如何陪伴孩子，这是目前家庭教育中的一个重要课题。我想，有效陪伴才是家庭教育的必然选择。那么，什么样的陪伴才是有效的呢？

第一，孩子充满期待的陪伴是有效的。比如，孩子很想让父母陪着去书店，买一些自己喜欢看的书；孩子非常渴望父母和自己做游戏，在游戏中享受到尊重和平等……

第二，对孩子有帮助的陪伴是有效的。比如，考试考差了，孩子非常期待父母可以帮自己分析原因，找到对策；学习和交友中遇到困难了，孩子很希望得到父母的指导；等等。

良好亲子关系的建立需要时间的磨合，需要一个过程。在这个过程中，父母通过陪伴孩子，才可以更好地了解孩子，发现他们的优点，从而及时地鼓励他，让他们更有信心地跨好一道又一道栏；发现他们的缺点，从而适时地指出来，让他们放下包袱，轻装前进！

教育就是陪伴，陪伴是最好的教育，关键是要做到有效陪伴！

四、牵手

因为爱着你的爱

因为梦着你的梦

所以悲伤着你的悲伤

幸福着你的幸福

因为路过你的路

因为苦过你的苦

所以快乐着你的快乐

追逐着你的追逐

因为誓言不敢听

因为承诺不敢信

所以放心着你的沉默

去说服明天的命运

没有风雨躲得过

没有坎坷不必走

所以安心地牵你的手

不去想该不该回头

也许牵了手的手

前生不一定好走

也许有了伴的路

今生还要更忙碌

所以牵了手的手

来生还要一起走

所以有了伴的路

没有岁月可回头

倾听着苏芮演唱的《牵手》，大手拉小手，成长一起走。只要家长和孩子做到了美丽的牵手、温馨的陪伴，亲子关系一定会和谐地发展，在成长的道路上更有信心、更有底气、更有智慧地前行。

五、开好家长会

我们怎么设计家长会？要给家长一个什么样的形象？家长来开家长会一个很重要的事情就是来观察，观察孩子的老师是否值得相信，是否值得自己佩服。如果老师展示的是一个优秀的自己，有组织能力，把家长会组织得有条不紊；有表达能力，说出来的话是那样中肯、那样耐人寻味；有沟通能力，会说话，懂得与家长更有效地交流；有文化底蕴，让家长感觉老师就是一本书，越读越想读；有正能量，老师和家长交流分享的都是自己如何让家长放心。一旦成为家长信服的老师，以后所有的沟通都将变得非常容易，所有的合作都将非常愉快，否则就会在家长面前没有任何的话语权，家长很难理解并有效支持老师的工作，班级管理也会越来越难！

1. 要开家长会了，有何妙招搞定家长

这是一位同行在开家长会前，内心的一种表达。

老师们：

家校合作本身没有谁可以搞定谁，有的只是老师对家长的一种欣赏和认可，家长对老师个人素养和业务水平的一种基本认可。你对班级、对孩子做了些什么？这些都非常重要，否则无论怎么夸夸其谈、眉飞色舞、声情并茂，都不会引起家长的兴趣！

通过我多年开家长会的经验，我认为首先你应该让家长看到希望：

（1）让家长看到对你的希望。

你在家长会上的一言一行，其实都在给家长传递某些信息，这些信息会不同程度地影响着对你充满期待的家长们。所以，首先你应该是拥有梦想的老师。因为班主任是否拥有梦想将直接影响着班级的健康发展，和班级发展是密不可分的，不可能割裂开来！再者是在你身上要有令家长欣喜的地方，如自信、阳光、大气、微笑、睿智、幽默、博爱等，这就是你的个人魅力了。

（2）让家长看到班级的希望。

你对班级的想法与打算，即你对班级的梦想、如何经营你的班级、你想把班级带往何处，这是对家长最具有吸引力的地方。

（3）家校合作方面的理念和想法。

你在给家长传递一种什么样的理念？在教育方面，家长不是可有可无的，不是辅助的，不是被动的，不是配合的，而是孩子成长中的重要人物，是教育的重要组成部分，他们同样是教育的主角。家长不可以把什么都推脱给学校、老师、班主任，家庭教育同样起着不可替代的作用。家庭教育是否有效，从另一方面也会促进或延缓孩子健康成长！所以，让家长明确自己的教育责任，是你在家长会上的重要任务。

家长会要开成希望之会、鼓气之会。班主任要通过对班级发展的态势、对孩子成长或学习情况整体把握的分析，给家长以最大的希望，让家长看到孩子成长中的闪光点，看到孩子在学科学习方面的优点或优势，看到孩子成长的良好的班级氛围，有欣喜之感，有欣慰之感。所以，提升家长对班主任、对班级、对孩子教育的信心，使得家长更有劲头投入班级管理和孩子教育中来。

2. 在我的记忆中印象深刻的几次家长会

（1）第一次父母都来参加的家长会。

家长会是我们学校进行家校联系的一种很重要的方式。但有些家长对此却是不太放在心上的，所以以各种理由不跟老师见面。而学生呢？他们为了不让家长知道自己的真实情况，所以干脆不告诉家长，两头瞒。更有甚者，干脆花几十元钱雇大学生来开。

初二下学期期中考试后，按学校要求，初二年级各班都召开了家长会。和以往不同的是，我的班里有一位学生来了两位家长——思奇（化名）的爸爸妈妈都来了，我的心里一阵惊喜。他们可不是普通的家长，爸爸在市政府工作，工作很忙；妈妈是某大型企业的副总，工作也是相当繁忙。

在惊喜的同时，我忽然想到了前段时间的家访，可能是那次家访引起了他们对孩子的高度重视。真的很尽职尽责了！我好感动！

如果我们学生的家长都能像他们这样，那我们的家校联系何愁不密切？我们的家校教育合力何愁聚不起来？我们的孩子何愁不能健康快乐地成长？

（2）激情九班的"才艺表演"家长会。

创新家长会的形式和内容是我们增强家校联系方面的重要改革，让学生充分展示自己，把最好的一面展现给家长就是我做的一些尝试。

在初二上学期举行的家长会上，我把学生的才艺表演放在了一个很突出的时段。学生的精彩表演让家长们目不暇接，有了耳目一新的感觉，家长会的气氛被充分地烘托了出来。

才艺表演不仅仅是文艺节目演出，在很大程度上反映了学生在班里的成长状况。当家长看到孩子精彩的表演时，那种自豪感也是发自内心的！学生的成长是多层面、多方位的，综合素质的提高也是多方面的。

（3）"动车组""行驶"途中的家长会。

在我们"动车组"的"行驶"旅程中，仅召开了唯一一次家长会，也是我至今记忆犹新的一次家长会。因为它开得很成功，把家长们的积极性和对孩子的信心充分调动了起来。

首先，我做了精美的课件，把我自己隆重地展示给家长，让家长感到把孩子交给我是放心的。

其次，我把我的管理思路和在假期以及开学以来所做的工作向各位家长进行了解释和展现。

我的"我班无后进生"、团队管理、"动车组"、励志语录宣誓、几次精彩班会等都在家长心里引起了不小的震撼。

其实，家长比较关注的还是班主任是否负责，因为只有班主任是负责的，他们才是放心的。当他们知道我在开学一周内基本上就能把人和名字对上号的时候，他们的眼里几乎都是一种很惊奇、很佩服的神情。

还有就是学生是满意的。他们在"行驶日记"中是这么说的：

一个家长会后痛下决心的男孩儿

这次家长会开得很好，老师没有批评我们，我们很高兴。家长也没K我们。家长会过后，我下定决心，以后要好好学习。还有两个星期就要考试了，努力！

家长会后的高兴与自卑

这一次的家长会开完了，妈妈也没怎么说我，让我感到很高兴，也很自卑。其实，现在我们应该好好学习，用一颗感恩的心回报父母！

今天是星期天，这也就意味着新的一个星期又要开始了。只要我好好对待每一天，相信每一天的幸运都是属于我的。上星期五刚开完家长会，爸爸的感觉好像也挺好，只对我说让我抓紧时间学习，不要再像个没事人一样了，争取考上更好一点的学校。听了爸爸的话，我想：爸爸说的没错，虽然我现在的分数考高中应该没问题，可我不能仅仅满足于现状，我一定要努力努力再努力！哈哈，我理想的高中，你就等着本姑娘到你那儿报到吧！

（4）"海尔班"的亲子家长会。

家长会后之家长篇：

女儿的心早已经融化在对我的爱中

今天下午参加了孩子的家长会。说实话，家长会曾经是我最不想参加的活动，怕看到伤害孩子的那种中国式排队名单。但每次家长会除非非常特殊的情况，我是肯定要参加的，无论我自身喜欢与否，因为这是爱孩子的一种表现。我爱孩子，就爱和她有关的所有活动。

家长会上，班主任和其他老师给了我们一种从未有过的感动，他们没有一位提及孩子的考试成绩如何如何，全都是全新的教育理念。这种理念和我的理念基本是不谋而合的。恰巧今天是感恩节，班主任让每个孩子拥抱自己的家长，感谢父母的养育之恩，感谢每位家长对于家长会的参与和支持。我的眼睛湿润了，我属于比较坚强的女人，忍了又忍，眼泪没有掉下来，但内心软软地沉浸在了无限的感动当中。

班主任突然让润垚（化名）说说自己的想法，孩子站起来，还没开口就哭了。我知道，孩子的内心世界早已经被打动了，她是一个特别孝顺的孩子，内心情感极度细腻。当她拥抱我的时候，她的心早已经融化在了对我的爱中。我站起来，和老师、家长们说我女儿很孝顺的时候，我的眼泪真的已经止不住了。

感谢班主任，亲爱的"强哥"，一位和我同龄让我敬佩的老大哥，在这个感恩节，我代表家庭、孩子对您说一声：谢谢您，您辛苦了！

感恩，充溢着今天这个特殊的感恩节。我和孩子会带着这份感恩享受生活，享受在北师大青岛附中的每一天。祝愿学校越办越好，走出青岛，走向世界！谢谢！

是您让孩子知道了感恩

人生中第一次知道的节日——感恩节。就是在这个特殊的节日里，我带着侄子的信任和任务来到北师大青岛附中七年级二班参加家长会，心情格外紧张！班级座无虚席，我看到了学校和家长对此次班会的高度重视，我也成为这个大家庭的一员。

"家校合力·放飞孩子的梦想"是本次班会的主题。在四位同学的主持下，班会拉开了序幕，首先由各学科老师为我们送上精心准备的如何学好各门功课的方法和技巧，我从中看到了老师的执着和认真。在此，我仅作为家长向老师说一句："为了孩子们能茁壮成长，吸收更多知识的养分，您辛苦了！谢谢您！"

接下来是各学科状元以及家庭在学校活动中取得优异成绩的分享，家委会会长热情洋溢的演讲，使我更加清楚认识到与孩子建立信任和无障碍沟通是建立在我们是他的朋友的基础上，让他有主动诉说和分享的愿望，让我们家长学会放低姿态，减少代沟差距。

高潮部分发生在班主任张国强老师慷慨激昂的演说中："今天是感恩节，同学们是不是应该拥抱你的爸爸妈妈，并告诉他（她）'您辛苦了'，用你的双手为他们捶捶背、揉揉肩……"此时班级一片寂静，孩子们都在和我们拥抱，为我们揉肩，几秒钟后还有许多哽咽的哭泣声，看来小小的拥抱已经深深地触动了家长和孩子们的内心。我们是一家人，可多久没有这样零距离地关爱了。彼时的一切说教都显得苍白无力，我感觉到父母的自责、孩子的检讨反省。谢谢您，张老师，是您让孩子们知道了感恩，是您让孩子们多了一种爱的表达方式，是您的不放弃，让孩子们更积极、更努力。作为家长，我特欣慰有您这样的老师，我们的孩子在未来的三年中会收获颇多。

对您的赞美之词都化作一句：您辛苦了，谢谢您！

您上次的厨艺，让小婕回味无穷

本次家长会使我感到从未有过的温暖，各科老师通过亲身的学习经验，为孩子们指明了学习方法，使孩子们既省力又有效地学习。

刚进入初中时，我总有这样或那样的担心，但慢慢发现，我的疑虑都是多余的，因为我看到小婕（化名）在校学习的每一天都是快乐的，现在我们已成了无话不谈的好朋友。她看到我每天因为工作而愁眉苦脸时，总是对我说："妈妈，看我们张老师每天多开心！"因此，当我在处理班级事务出现问题时，总会询问她解决方法，她就会把您处理类似事情的做法告知我。张老师，感谢您！您不仅教给孩子知识、为人处世的道理，还使我渐渐明白如何建立良好的师生关系，如何与家长进行沟通。现在我还把您管理班级的经验与我身边的同事分享，她们也受益匪浅。再一次向您真诚地说一声：谢谢老师！您辛苦了！

再分享个小故事。张老师，您上次的厨艺让小婕回味无穷，至今念念不忘，尤其是您做的那道鱼。为了再次享受如此待遇，她下决心要再次争取机会。

为"海尔班"而骄傲

星期四，我参加了孩子升入初中以来的第二次家长会。这是一次难忘的家长会，不仅仅是因为这天是感恩节，也不仅仅是张老师安排了孩子感恩父母、父母拥抱孩子的活动，更重要的是，通过这些活动安排，让我深切体会到七年级二班的老师们正在对孩子们实施爱的教育。"让孩子们快乐成长"绝不是一个口号，而是实实在在的行动！不仅如此，张老师还在用心推动和引导家长们进行良好的家庭教育，使我明白了"有什么样的家庭教育就有什么样的孩子"这句话的深刻含义，让我有动力、有能力做到对孩子的有效陪伴！

开完家长会，同事们、朋友们之间照例会沟通孩子考试成绩怎么样，在班里排名第几。我猛然想起——我们这次家长会竟是无关乎成绩的家长会，老师并没有公布成绩，也没有排名。当我把家长会的程序和内容跟朋友们说了以后，他们不仅发出了啧啧的赞叹声，还异口同声地说："对，孩子快乐成长最重要！"是啊，我们哪一个做父母的不希望自己的孩子能健康快乐成长？哪一位父母会不知道这个道理？可在当前竞争的社会环境中，在激烈甚至是惨烈的中考压力下，我们又有哪一个不被困在成绩的枷锁之中？每天在为孩子的学习成绩而焦躁不安，每天在对孩子的唠叨责骂声中，我们常常忘记了出发的本意是为了爱孩子！

感谢张老师，让我在这个特别的日子里拥抱了我的孩子，看着日渐高出我头顶的儿子，感动的泪水模糊了我的双眼……是啊，即使我好好地陪伴着孩子，让他每天都快快乐乐地成长，那么他需要我陪伴的日子又还有几天呢？

感谢张老师，在这个以成绩论成败的体制下，张老师另辟蹊径，提出了让孩子快乐成长的教育本质，号召我们开展有效陪伴孩子成长的家庭教育，这需要多大的魄力和爱心啊！我相信这种爱的教育，回归人类本性的教育，一定更能激发出孩子们的内在潜力，使他们取得更加优异的成绩！为"海尔班"而骄傲，祝福"海尔班"的孩子们明天更美好！

孩子感恩父母，父母感恩老师

升入初中的第一次期中考试，乐乐（化名）考试成绩不是很理想，尤其是数学，考得一塌糊涂。当我听说他的数学只考了79分时，作为家长不生气是假的，但是当着孩子的面，我没有将怒火发出来，因为在那一刻，我想起了李老师说过的话：这一次的考试左右不了整个初中三年的学习，虽然这次考试很重要。唉，那顿晚饭吃得真是索然无味——乐乐哭哭啼啼，我强压怒火。

跟孩子分析试卷的时候，我找到了乐乐的薄弱点：错别字多，书写潦草，基础知识掌握不牢，似是而非。没想到他在学习方面存在如此多的问题，作为家长，我想帮他改正却无从下手，很有一种挫败感。

开家长会的时候，我认真听取了各任课老师的讲话，受益匪浅。每一位老师都强调预习的重要性，并教导孩子怎么高效预习，这一点让我很受用。

第五辑　构建学生成长共同体

以前虽然也督促孩子预习，但是不注重效果。今后会按照老师教给的方法检验预习效果，从而提高孩子的课堂学习效率。

当乐乐遵从张老师的指令给我按肩膀的时候，我心里感动于班主任的一番苦心。当着那么多人的面跟孩子拥抱在一起的时候，刚开始我的心里是有一点点羞涩的。这一次的家长会开得真是别有特色，不仅让家长在学习方面了解了如何帮助孩子提高效率，还拉近了孩子跟家长心与心的距离。

孩子感恩父母，父母感恩老师！

家长会后之学生篇：

妈妈，我爱您

在家长会上给妈妈揉肩的那一瞬间，我想到了妈妈从小到大把我们抚养成人真是太不容易了。我给妈妈捶背时才惊奇地发现，妈妈的背比我的要硬好多，本来笔直的脊梁骨现在变得弯曲了。想想也是，妈妈每天都那么劳累，下了班还要帮我辅导功课，吃完饭还得扫地、拖地。捶着捶着，我注意到了妈妈的头。她的头上仿佛又多了几根刺眼的银发。我往妈妈的额头上看了看，几条细细的皱纹在岁月的流逝里不知不觉地爬上了她的额头。妈妈为了我们这个家日夜操劳，牺牲了自己宝贵的青春，却仍然不知疲倦地默默支撑着。有时候不懂事的我还屡屡跟妈妈顶嘴，现在想想真是太不应该了，这让妈妈多伤心啊！想到这里，我的眼眶微微湿润了。对不起妈妈，原谅我以往忽略您对我的关心，把您的关心当成您训诫我的理由。对不起妈妈，我以后再也不会这样了。妈妈，我爱您。

当妈妈拥抱我的时候

当妈妈拥抱我的时候，我才感觉到这个怀抱是多么的温暖，令我有种安全感，但是又在想，这种温暖能享受多久呢？我拥抱妈妈时才突然发现，我跟妈妈的身高只差了一点点，我才明白，我长大了。以前是妈妈在我最伤心时给予我安慰，现在让我来保护您，让我来做您在无遮拦天空下的荫蔽。妈妈，请记住，我永远爱您。

当我给爸爸捶背时

当我给爸爸捶背的时候，我突然想到自己有时候也会腰酸背痛腿抽筋，但我很快就躺在床上休息，可是爸爸妈妈有时背痛也只能忍着，没有人给他们捶背。我想，我给爸爸妈妈捶背的时间和次数还是太少了，因为他们也会累，也会辛苦。所以，我以后要多给爸爸妈妈捶背。

当我和爸爸拥抱的时候，我突然发现，爸爸的身体是那样的硬朗、那样的健康。可是就在我想到这个的时候，也不禁想到，爸爸妈妈会有老去的一天，他们的身体也会老去，他们的身体不会长久地保持健康。所以，我以后要常常拥抱爸爸妈妈。

妈妈，我不应该惹您生气

妈妈拥抱我的那一刻，我才知道，我已经长大了。在平时，我总是依赖妈妈。谁知，当我拥抱妈妈时才发现，我的身高竟然快赶上妈妈了。顿时，我的眼睛湿润了。望着在场的每一位家长，泪水都充满了眼眶，都被感动了。妈妈，对不起，我不应该惹您生气、惹您伤心。妈妈，对不起，我爱您！

第一次家长会感受

今天举行了"海尔班"的家长会，我们都十分开心。而且有一个环节让我们都十分感动，那就是感恩父母，为他们捏捏肩膀，捶捶背。这个活动让在场的家长们十分感动，而给我的印象也十分深刻！当班主任讲到感恩节的时候，他提出让孩子捏捏家长的肩膀，这让我们有些难为情，不过我们都按照要求做了。当我碰到爸爸的肩膀时，心中震了一下，落下了无声的泪。爸爸这些年为我奉献得太多了，而我呢？只是一味索取罢了，对爸爸的辛苦从不过问，还经常对爸爸发火，真是太对不起爸爸了。在给爸爸捏肩的时候，我小心地用劲，让爸爸最舒服。我以后一定要用实际行动来报答父亲。

这次家长会开得好感人

上周，我们"海尔班"开了第二次家长会，当天也是一个在西方国家非常盛行的节日——感恩节，这次家长会的主题就是感恩父母。其中有两件事让我印象非常深刻：班主任让我们给父母揉肩，竟然有同学说不知道怎么揉，有的同学说："妈妈，强度可以吧？"一个简单的动作，有多少人经常给父母揉，很难吗？就只是三两分钟的事情，有多少人忽略了这种最容易表达爱的方法。一次揉肩，会让你在今后的生活中遗憾更少。"孩子们，请拥抱你们的父母一下。"一个简单的拥抱，会让很多孩子投进父母亲的怀里失声痛哭；一个简单的拥抱，父母是否对孩子满怀愧疚，还是……就算工作很忙，没有时间管孩子，但如果连抱孩子的几分钟时间都没有的话，那么这个家长就是不称职的。只要家长从百忙之中抽出几分钟甚至几秒钟，去抱一抱孩子、摸一摸孩子，那么他的童年就是没有遗憾的。

这次家长会开得好感人！

六、星光点点——我的家访故事

1. 一次孩子躲避的家访

今年寒假里的一天下午，北风呼呼地吹着。在这凛冽的风中，与艺艺（化名）同学的妈妈电话联系后，我与王梅、孔茹两位老师对艺艺同学进行了家访。走到艺艺家，其母亲还没到家，我们只好在风中等待着。进入她的家中，我感到他们家家境一般。落座后也没见到我们的小主人艺艺，据艺艺母亲说她去姥姥家了。我当时就有一种疑问，但没问出来。和艺艺母亲交流了她的情况后，我们结束了家访，可我脑子里仍有一个解不开的疑团：艺艺为什么会不在家呢？

开学后，我为了和学生进行思想交流，实行了我们"励志动车组"特有的方式——"行驶日记"。谁知在艺艺的"行驶日记"里，这个疑团被解开了。

老师，我知道，也许在您见到我之前，我就已经给您留下了不太好的印象。那天您和数学老师以及英语老师到我家家访，而我却故意去了姥姥家，没有与您好好地见上一面。可是老师，我也知道这样做会对你们显得不够尊重，我没有尽到"地主之谊"，请老师们原谅。说实话，从来没有家访经历的我对突如其来的家访感到紧张与恐惧，但我绝对不是因为胆怯才选择逃避的，真的。说心里话，我是不知道该怎样面对老师们。老师，您也看到了，我的家庭条件并不太好。不瞒您说，我爸爸在纺织厂上班，您知道那个厂子生意一直很不好，甚至前几次都快要倒闭了。爸爸的工资本来就不高，现在就更低了，有的时候连工资都发不下来。而我的妈妈是搞雕刻的人，一个月就一千多块钱，所以我家的生活水平并不好。再加上爸爸爱吸烟，光烟钱一个月就好几百块。为此，妈妈经常与爸爸吵架。所以，我也没有一个和睦的家庭。其实，我并不在乎自己的家庭条件如何，我也不在乎爸爸妈妈能够给我多好的物质生活，我仅仅希望他们能够不吵架，一家人和和气气、平平安安的，哪怕生活再困难也是幸福的。虽然我有时也会羡慕别人家里有多好，小时候也幻想自己住在一个很漂亮、很华丽的房子里，但我并不后悔出生在这个平凡的家庭里，因为这里有为了我拼命赚钱的爸爸妈妈、爱我关心我的爸爸妈妈，其他的，我都不在乎了。而且，我也相信现在不代表未来，我的路还没走完，还有很长的一段路要走，现在并不是定局，我会尽自己最大的努力争取光明的未来，让爸爸妈妈过上幸福的生活。我相信自己，只要有决心，肯努力，就一定会成功。我也不想给父母增添压力和负担，所以我从来不会向父母提出过分的要求。因为我知道，他们已经很辛苦了。他们的头发为我而白，他们的皱纹为我而生。但是，不知道为什么，我很在意别人对我的看法，我害怕同学们瞧不起我，虽然我知道这个想法是不对的，可我心理上还是会害怕。所以我从来没有让朋友、同学去过我家，我怕他们会因此而不理我，虽然我也知道真正的友谊不是那么经不起考验的，可我……这也是我那天不在场的原因，我不好意思面对你们。说实话，我怕你们到家里来。请原谅我会有这样的想法，对不起，老师，可我没有办法控制自己以一个冷静的心情招待你们。所以在内心的挣扎之下，我选择了逃避，一种很不好的方式。希望老师能够原谅我的胆怯，接受我真诚的歉意。我知道，我的做法让您对我失望，因为我没有勇敢面对的勇气，也会退缩。

以上是我从来没有向任何人透露过的心里话，希望老师能够谅解我的做法。就像您说的那样，人生没有彩排，每一天都是现场直播。我会珍惜生活中的每一分每一秒，因为时间一直在流逝，一旦失去就不复返。在这最关键的时刻，我会尽自己最大的努力向中考冲刺，我会记住"相信我能行，爱拼才会赢"。老师，我不会再让您失望。我会以最充分的动力来迎接中考的，冲向终点。

您的学生 艺 艺

艺艺：

你好！老师非常高兴，也非常欣慰，你把心里话告诉老师，谢谢你。对于家访时你没在家一事，请你不要放在心上，没关系的，老师没有怪你。真的，老师只是很遗憾没有见到我的朋友。现在老师才知道，你的内心世界是这样的丰富多彩，请你一定不要因为自己的家境而有自卑心理。"儿不嫌母丑，狗不嫌家贫。"这是我们很早以前就有的俗话。老师家曾经也是很穷很穷的，不少时候还挨饿呢。高中时，我的生活费每月只有15元，但我并没有自卑，而是告诫自己，一定要冲出去，所以我一直很努力。从考上大学到现在教书10年，2000年我又通过考选进入实验中学，这些年来，我一直在爬坡，一直在努力。所以你更应该努力，让自己的家庭更好。首先，你一定要以实际行动孝敬自己的父母，做一个懂事的孩子；其次，在学校里要勤奋学习，每天扎实努力，做一个爱学习的孩子。老师对你是充满信心的，加油！

你的朋友　张国强

2. 家长备宴了，一次没按时赴约的家访

小琳（化名），一个品学兼优的女孩，家庭条件很好，成绩也不错，可性格有些内向，同学关系有时处理不好，人际交往面狭窄，不利于她以后的发展。为了了解她在家与父母和弟弟相处的情况，我决定对其家访。一天早上，我和小琳说：“今天下午放学后去你们家家访。”可放学后仔细思考了一下，感觉有些不妥，决定还是晚一点去。等到晚上8点左右，我去了她家，却发现还有两个客人。小琳父亲对我说：“张老师，您怎么没按时来呀，我连陪您的客人都找好了，我们刚吃完。”我一听，对自己没按时家访暗暗庆幸，否则就会很尴尬了。

所以，班主任在家访前如果想通知学生或家长，一定要注意自己的语言，千万别给家长发出一种错误的信号，让其产生误解。这样不仅使自己的家访达不到应有的效果，而且还会有不好的影响。

3. 家访在雨中

王×，一个很可爱的小男生，胖乎乎的，也是一个学困生，学习不积极主动，还经常违纪，家庭条件很好，爷爷和父母对他疼爱有加。我打过电话，可他身上没有什么明显的变化。于是我决定对他进行家访，以了解他在家的表现和学习情况，并和他父母做深入的交流。第一次去时，家里正好没人，父母上班，孩子在爷爷家，所以没有家访成。可家访一事始终牵挂在我心上，又过了几天，下着小雨，我想碰碰运气吧。一敲门，父母都在家。在我推门的一瞬间，我发现了他父母脸上的惊诧表情。就座后，他们一再表示感谢，说下着雨还来家访，真是不知道说什么好。孩子还真在自己卧室学习呢，我进去拍了拍他的头，夸奖了他几句，就出来与其父母进行了深入交流，并达成了一致的教育意见。第二天，他见了我就说：“谢谢老师昨天去我家。老师，您昨天没淋着吧？”我说：“也谢谢你，你真的很懂事。”

应该说这次家访增强了老师与家长的联系，特别是在下雨的时候去的，

所以让家长感觉老师对他们的孩子是非常上心的，就会对老师有一种感激之情，加深了老师与孩子和家长的情感。同时，这种感激之情也会促使家长对自己的孩子更加关心，更容易形成家校教育的合力。这样在对孩子的教育上才会收到良好的教育效果。从此以后，他变得更有礼貌了，学习上也有了进步。

真的感谢这次家访雨中行呢。

4. 那次等到晚上10点的家访

思奇，一个多才多艺的美丽女孩，可以说是我们班里的才女，性格有些内向，学习成绩中等，但很有发展潜力。爸爸在市政府上班，晚上回家很晚；妈妈是某著名企业的副总，工作也很忙，所以两人谁都没时间教育孩子，家里做饭还是请的亲戚帮忙。可想而知，家庭教育非常缺乏。为了与思奇家长交流教育孩子的问题，使孩子在学习上更进一步，在人际交往上表现更好，我决定晚些时候去家访。晚上9点半，我到了思奇的家里，她妈妈在家，可爸爸还没回。于是我就和她妈妈先交流了一些孩子在家和在校的情况，知道了她们偶尔进行笔谈，在孩子卧室有一本专门和孩子进行心理交流的本子，有什么想说的话都写在上面。10点多了，思奇爸爸带着醉意回来了，不过表示出一脸的歉意，也很感谢老师。在思奇父母面前，我就学校和家庭教育合力的好处聊了一些，并恳请他们再忙也要和孩子聊聊天，进行心与心的交流，这样会对孩子有好处。

虽然天比较晚了，可我的心里却很敞亮，毕竟和思奇的父母都见了面，交谈得也比较好，思奇父母应该会在孩子身上尽到父母应尽的职责吧。一想到孩子的美好未来，我心里洋溢出一种甜美的感觉来。

思奇，加油！

5. 楠楠感动了

楠楠（化名），一个性格有些内向的女生，学习成绩中等，可体育成绩很突出，是我们班的体育健将，学校体育女生组里的四项全能，是一个令我和全班同学骄傲的女生。她在校运动会上非常卖力，取得了优异的成绩。但在女子1500米比赛时，有一位学生拿着凳子横穿跑道，把楠楠撞倒了，造成其腿部毛细血管破裂，可她仍忍着剧痛跑完了比赛，并拿了第一名，令整个赛场沸腾了。可跑完后，她已被同学们架着，伤得真是不轻。我让几个女同学把她送回了家，并一再叮嘱她好好休息。

晚上我实在放心不下，就买了些水果去了她家。孩子一见我，竟流下了泪水，说："老师，你怎么来了？"我说："我不放心，看看心里就踏实了。"楠楠的父母也表示感谢。第二天，楠楠全然不顾腿伤，又跑了3000米，还是第一名。

班里洋溢着欢笑，更多的还是感动。

6. 家长打电话后的家访

翟×，一个活泼好动的男生，对老师很有礼貌，学习成绩中上等，就是在家不是很听话，偶尔会和父母发生口角。一个星期天上午，其父亲给我打了电话，听得出很着急的样子，说翟×和父母吵架后想离家出走，不愿在家待着，关系陷入了僵局，怎么劝都不听，于是就想到了我，问我能不能过去。我立即说："您先别着急，我马上就过去。"

我赶到时，他还在哭，一副很委屈的样子。我先听他说了事情经过，了解了发生争执的原委，然后和他一起分析这样做的后果，并联系他的家庭状况，对他进行了情感教育。作为孩子，也是家庭的重要一员，不能不负责任，要学会对自己的行为负责。在我的耐心教育下，他终于想通了，我又看到了他的笑脸。最后他对我说："老师，是我的不对，我以后再也不这样了。"并走出去主动向父母承认了自己的错误，道了歉。父母脸上随即也露出了笑容。

孩子露出了笑脸，父母笑了，我也笑了。

当父母与孩子在家庭生活中发生矛盾，向班主任求助的时候，作为班主任，无论如何应尽可能地不推脱。因为推脱的后果可能会失去一次很好的教育孩子的契机，也会失去一次和家长进行沟通交流的机会，那么家校教育的合力也就无从谈起了。

7. 家访后，孩子送了我好远

浩浩（化名）是我在放寒假的最后那天接管九班时，原班主任王老师专门提到的一位学生。王老师说浩浩不爱学习，上课爱说话，是班里很难管的学生之一，提醒我开学时要注意他。

为了更好地管理九班，掌握九班的班情，我研究了学生的所有资料。当然，浩浩是我重点研究的对象。不过，我发现他的期末考试成绩比期中进步了不少，一个想法突然冒了出来：这难道不应该成为我教育他最好的资源吗？于是寒假家访时，我重点家访了他。

打完电话后，我在苗孔村大院附近的一处出租房里找到了他的家，他的父母是在大学南门做小生意的。进门后，我见到了他的父亲和舅舅。他们非常客气，一再表示很感谢老师。此时，我感觉到家长是多么渴望老师家访啊。而且我还见到了我的新朋友——浩浩，一位看上去很腼腆的小男生，规规矩矩地坐在我的身边。我先进行了自我介绍，并微笑着对他说："老师们都跟我说了，你的表现挺好的。我也看了你的期末成绩，比上学期进步了不少呢。"当我说到这里时，我发现浩浩很不好意思地笑了，家长的脸上也洋溢着笑容。

是啊，哪个家长不希望自己的孩子好，不渴望听到老师说自己孩子好呢？一种家访的成功感油然而生。我们家访的目的是什么？不就是要与家长沟通交流后，把家长教育孩子的积极性调动起来，进而形成家校教育的合力吗？不就是要把孩子的自信心充分提高起来吗？在浩浩家里，我做到了。我把我在假期里发现的教育资源很恰当地运用了，并且达到了自己想要的效果。

家访结束，浩浩抢着给我推自行车，不仅把我送出了胡同口，还跑了好远，把我送到了苗孔大街上。我的心里有种说不出的感动，这可是我第一次才见面的学生啊！

天已接近傍晚，太阳公公早就休息去了，把黑色留给了大地，可我的心里像点了一盏灯，出奇地亮堂。

8. 给家长送去孩子的优点卡

小伟（化名），一个能说会道、成熟比较早、人缘比较好、歌唱得很棒、很懂事的男生，就是有时会违纪，还有些江湖义气。为了了解孩子在家里的表现，尽可能帮他改掉一些缺点，让他表现得更好一些，我想找时间对他进行家访。在我们班举行的才艺表演中，他演唱的《真心英雄》得到了全班同学的一致赞誉。我想，机会来了，就写了一张优点卡，决定带上它去家访。一天晚上，我去了他家。他的父亲是军人出身，对孩子的教育比较武断，但见了我很客气，也表示了对老师的谢意。应该说，我们谈得很投机，对怎样更好地教育孩子达成了比较一致的意见。最后，我把事先用红纸写好的优点卡送给了他的父亲。

优点卡

小伟同学：

在我们班举行的才艺表演中，你在音乐表演中表现得非常出色，特发此卡，以资鼓励。真诚希望你能在其他方面同样有很优秀的表现，加油！

小伟父亲看完后很激动，一个劲和我握手表示感谢。小伟也在跟前说："谢谢张老师。"说实话，一张小小的优点卡并不算什么，可我却发现家长在看到优点卡时脸上惊喜的表情，以及孩子的脸上洋溢出来的那种自豪的神情。老师送去的不仅是优点卡，更是给家长送去了教育孩子的信心，给孩子送去了一份成长的自信心。

七、我和孩子一起成长

这是我和家长朋友约定的一种陪伴孩子成长的方式，应该说得到了不少家长朋友的认可，不少家长不时与我分享他们和孩子一起成长的故事。

女儿，妈妈想对你说

班主任老师给家长们布置了一个作业：讲讲我和孩子一起成长的故事。面对这个题目，我心里有好多好多的话要说，却又不知从哪里开头。

伟仪（化名）是我们的第一个孩子，正因为是第一个宝贝，所以我们倾注了所有的爱和关注在她身上，她是我们全家人的牵挂和快乐的源泉。不管工作多累，回家看到她，所有的辛苦都抛到了脑后。她爸爸把她当成珍珠一样的捧在手心，用心呵护。

当孩子在身边的时候，我觉得她好像浑身都是小毛病，但是细想想，好像和她的那些优点比起来，真的不值得一提。如果不是老师让写这篇文章，我好像从来都没有好好想想自己的孩子都有哪些优点。现在的伟仪已经成长为一个勇敢、活泼、善良、自信、心灵手巧的好女孩，她会是我们永远的骄傲。

伟仪的勇敢不是一般的勇敢，从小就是一副天不怕地不怕的性格。绊倒了，一声也不哭，爬起来，拍拍身上的灰，就啥事也没有一样。记得有一次在大伯家玩，她居然从距窗台1米多宽的柜子上往窗台上迈，结果直接趴地上了，她当时有点吓蒙了，一点没哭就站起来了，等我们看到满嘴鲜血的她，着实是给吓着了。因为牙齿把嘴唇磕了一下，咬出一个大口子，流了好多血。我又气又怕，两巴掌就扇到她的小屁股上，她这才"哇"的一声哭出来。当娘真是不容易啊，要经得起风浪，还经得起吓。过后我也挺后悔的，不该在那个时候打她。现在，大了的她越发会使小性子了，有的时候说说她，没说多重，她的眼泪就吧嗒吧嗒地掉下来。

女儿，妈妈想对你说，女儿有泪也要不轻弹。但是，真受委屈了，妈妈的怀抱里你还是可以尽情地撒娇。虽然她一直和男孩子一样调皮，但是她也有着女孩的细心和温柔。

有一次，我们带她去饭店吃饭，因为还有客人没来，所有她就和爸爸一起在楼下大厅等客人。外面刚好下起了大雨，一位老奶奶推着婴儿车到大厅门口避雨，两个人都被大雨淋湿了，婴儿车里的宝宝也没躲过大雨。这一幕正好被伟仪看到了，她赶紧跟前台的阿姨要了很多餐巾纸，给老奶奶擦脸上的雨水，自己拿着餐巾纸给小宝宝擦。老奶奶好感动。我听到她爸爸给我讲，我也很感动，庆幸她是一个这么善良的孩子。我一直觉得，如果我不能把我的孩子教育成一个特别优秀的孩子，那她只要有最基本的善良和真诚的品质就应该不会太差。其实是我想多了，经过和教她的老师探讨，所有的老师都说这个孩子一直都是一个很优秀的好孩子。每每听了，我也总是偷偷地高兴，但是始终不敢大意，一直都是在松松紧紧中教育她。不敢太松，怕太松了她也会放松自己；也不敢太紧，太紧了怕她受不了。

我一般不给她报她不喜欢的辅导班。这么长时间，我们唯一坚持下来的就是钢琴。其实孩子终归就是孩子，孩子的天性就是玩。但是，我也希望她能好好利用这些儿时的美好时光，不想让她浪费了。我就怕等她长大之后会埋怨我：为啥她小时候啥也没学，现在连个能拿出手的技艺都没有。搬家时，我收拾出来一叠厚厚的奖状，有每年发的三好学生奖状，有辅导班的奖状，还有参加各项比赛的奖状。这是她的奖状，却是我们最大的骄傲。她的小手尤其巧，用彩泥做什么像什么，折纸自己看着书就做出来了，画动漫也是自己偷偷学着画的。因为怕影响她学习，也怕真的支持她学了她反而觉得枯燥无味，所以用这个办法看看她是不是能学好。

总之一句话，我觉得教育孩子就是要和她斗智斗勇才行。

我们一直都在不断地摸索，寻找方法和最好的出路，直至成长为孩子心中那个最好的自己——合格的家长。这是一条漫长的路，谁都急不来。

在做父母的道路上，我们也只是一个小学生，我们会主观，我们会犯错，甚至也会以爱的名义冤枉孩子。所以，很多时候我们需要倾听孩子的心声，需要和孩子坦诚地沟通，需要孩子的帮助，了解内心那个最真实的孩子，需要时间学习一些方法和技能，需要通过一次次的试错来找到最适合孩

第五辑 构建学生成长共同体

子的和孩子所需要的爱。

而在这之前，我们常常会用自己以为的方式去爱孩子，凭主观和有限的经验指导孩子的人生，甚至有时候，我们忽略了孩子是一个非常独立的个体。有自己的想法和方式，有独一无二的思想，孩子的需求也在不断地成长和变化，以至于任何外来的经验都不足以借鉴。

在这样的过程中，我们难免会有一些矛盾冲突，相互误解甚至伤害。孩子，请相信，这一定不是我们的本心！

孩子，我们真的好爱你，请允许我们和你一起成长。

宝贝，在妈妈心目中你永远都是最优秀的

作为妈妈，我是幸福的，和孩子一起成长是快乐的。

在孩子刚踏进小学时，我总是以高标准要求孩子，认为别的孩子能达到的，自己的孩子也一定能做到最好，但结果却恰恰相反，收获的只有我的失望，甚至是绝望，每天呈现在孩子脸上的也只有惊恐。当时，我总愿意和班级中最优秀的孩子比对，总对王婕（化名）说："你看人家××多厉害，你不行。"终于有一天，孩子回家后，面带笑容地对我说："妈妈，我当上班长了。"我冷冰冰的脸立刻舒展开来，一把抱起孩子说："真棒！"然后就不停地亲。孩子毕竟是孩子，有一天，学校召开家长会，她把一封信带回家，这样对我说："妈妈，老师说如果没时间就不必去，主要通知我们班上那10名学习差的家长必须参加。"我半信半疑，在我的一再追问下，孩子终于道出了实情，哭着跟我说："妈妈，我是骗你的。其实，我没选上班长。"看到孩子扑到我的怀里哭得那样伤心，我也哭了。我抚摸着孩子的头说："宝贝，在妈妈心目中，你永远都是最优秀的，记住：妈妈永远爱你。"事后，我不停地反思自己，觉得自己的教育方法确实应该改变。于是，我尝试和孩子交心，每天回家后，我会问孩子这样几个问题：

1. 今天在学校有什么开心的事吗？

2. 今天在学校各科都学习了什么内容？有没有不理解的？

3. 今天有什么不开心的事吗？告诉妈妈，咱们一块儿想办法。

这样下来，我们母女之间的心结打开了，孩子的心扉也敞开了，现在呈现在我面前的是一个活泼开朗、好学上进、永不服输的王婕，我感到无比的欣慰，心中那块石头也终于落地了。

红红的小苹果

看到厨房里的小苹果，犹如看到了我闺女那张咧着嘴笑的脸。红红的小苹果，看在眼里，暖在心里。这是我闺女放学带回家的小苹果，是学校发给她吃的。每次学校发了水果，她都拿回家放到我手里。这是她从小养成的习惯，无论在哪个学校上学，都是一如既往地拿回来学校发给她吃的东西。

我做水果生意多年，全世界好吃的水果也都品尝过，但每次拿着闺女送的水果，我都感觉是最好吃的。闺女是娘的小棉袄，有个闺女真的挺好。每次她拿起好吃的，第一个先往我嘴里送。这点，我欣慰，也自豪。

刚才在小区遇到几个家长，大家一起谈论孩子的学习。感觉每个家长都很用心关注孩子的成长，都在努力付出着。这些孩子真幸福，老师负责、家长卖力，祈祷每个孩子都过得快乐。

闺女学习很努力，但考试紧张。我曾经和刘霄老师谈到这个问题，他告诉我，不必紧张，慢慢会好起来。我自责给孩子造成的压力，也记住永远不再抱怨孩子的任何成绩。真心希望我闺女也彻底看开分数这个坎，毕竟学习这个事情还有天赋等其他成分在里面。天生我材必有用，天下没有所谓的独木桥，只要努力、踏实，过好日子很简单。

昨天晚上看到闺女因为阅读理解不会而掉眼泪，感觉她是那么要强的一个孩子，她自责没有遗传我的基因，我笑着告诉她我的基因也不好，我没她个高，没她温柔，也没她懂事。我告诉她，我也偏科，也有不喜欢学的科目，甚至有时候我也不优秀，但我是努力学习的那类人。人生是一个不断学习各种知识的过程，专家也只是金字塔顶的少数人，况且专家也只是某个领域的专家。只要努力了，就没必要自责。我希望我的孩子永远健康快乐、平和自然。

小仪（化名）妈妈组织了一个小团体，几个孩子一起学英语，邀请我参加。她是一个对孩子极其要求完美的母亲，希望孩子们能开口说英语，这个想法非常好。为了她的努力，我答应了她的邀请。我闺女一开始有点排斥，后来告诉我那样会占用我好多时间。一句话，说得我心里暖暖的，我有一个体谅母亲的孩子，是多么难得，还有何求？希望我的参与能帮助到孩子，也希望所有喜欢英语的孩子轻松快乐地学习。语言，工具而已，如果单纯为了考试，学起来会很没意思。

与孩子共成长也就三年，就是这个三年什么也不干，能陪孩子多少日子呢。三年之后，孩子住校了。再有三年，我们是否还能走进孩子的内心呢？希望我能永远在孩子的内心世界里，她能永远不离开我这个妈妈。

女儿，你是妈妈的骄傲

今天闺女回来很高兴，推门那句"Hello"说得很愉悦，我开门时回应她一句"Congratulations"。对于一个要强、努力的孩子，我学会了天天赞美她。今天，杜老师在网上公布了第二单元语文考试成绩，我闺女还是"中坚"力量，但也进步了。所以我见她第一句就是"恭喜你"！闺女高高兴兴地开始和我说起来，她体育进步了，跑步紧追在绣程后面，比上次强多了。还告诉我那个坐位屈前伸也pass了，把一天的生活和我逐步汇报了个遍。看着眉飞色舞的孩子，我内心从未有过的轻松拂过内疚的心底。孩子终于找到了自信，开始高兴了。吃饭的时候，我告诉她，以后做什么事情尽力就行，不要要求太高。每天进步一点就是好孩子。看着她使劲地点头，我觉得自己真幸福。

今天学校发的是嘎啦苹果，黄色带着30%的条红。孩子依然是把苹果放我手中，让我吃。我放到她手里，告诉她，这是嘎啦，不套袋的，但口感不错，让她尝尝。她终于吃了，说很好吃。看着她终于吃了自己带回来的水果，我很欣慰。这孩子孝顺，所有她感觉好吃的东西都是留给我。小小的一个苹果，她还是硬塞到我口中让我咬了一口。

《典范英语》的光盘是碎的，我原以为是宗伯（化名）妈妈在网上订的，于是晚饭后去了宗伯妈妈的文具店。结果他们回家吃饭了，门锁着。我们出来的时候忘记带手机，闺女去了文具店隔壁，甜甜地叫声"叔叔"，让隔壁小伙拨通宗伯妈妈的电话让我反映这个问题。我突然发现，闺女处理问题的能力还不错，遇到问题知道如何解决。

散步回家，好多人羡慕我身边挎了个贴心的闺女。人生道路上，自然风景、内心世界真的是绚丽多于阴霾，关键是看你怎样体味，不是吗？

淡定了，感觉到一种久违的轻松

今天一天心情超差，最近各种不痛快，各种事情需要处理。下午看到老师们在群里发的单元测试，感觉润垚考了中等吧，知道这是她的真实成绩。

下午放学，她还是高高兴兴地回家，我轻描淡写地问了她的考试，她躲躲闪闪，估计知道自己考得令我不满意。今天我出奇地平静，就不再问了。在厨房做饭，我考虑了很多。初中的孩子学习压力确实很大，每天看她做作业到很晚，属于自己努力了但成绩不是很理想的那种。可能每个孩子的条件不一样吧，有些孩子适合学习，轻轻松松就能学好，那种孩子是应该走学习之道的。我闺女好像属于品质不错、学习一般的那种。孩子静静地做作业，我不忍心打断她的宁静，继续思考我想要什么。现代社会，高考是一种道路，但不是唯一一条道路了。我在考虑，是否提前为她考虑另一条道路。

中午和墨尔本的Andrew通了电话，谈到孩子，他说我对孩子要求太严了，这样不但没有效果，而且可能造成严重后果。于是，我反思再反思，觉得自己一直很努力要做一个好妈妈，但结果却不是我想要的，于是我开始痛苦，痛苦孩子没有达到我的标准。但想想自己，上学时候好多科目也不是很优秀，不是吗？

从一开学，我就绷紧了心弦。为了好好陪孩子，我辞掉了月薪1.4万元的兼职，那是一份好多人求之不得的管理工作。老板同意我不去上班，但出差或者出国我必须代表公司去。刚开学没几天，我就去工厂并待了两天，所以我从工厂回来后毅然对她说了一声：No！

这些事情，孩子都知道，我想可能对她无形中也是一种压力吧，所以她考试有时会紧张。通过和老师谈话，我知道她考英语的时候又紧张了。回家我问她，她还是没承认。后来我和她谈话，说我自己的公司还不错，供我们吃饭no problem。

目前看来，每个家长都把自己的希望全部放在了孩子身上，其实这有时候也是一种错误。每个家长都希望自己的孩子是NO.1，但每个班级只有一个NO.1。而且，智商、情商、习惯以及家庭的不同造就了不同的孩子、不同的成绩。学习好当然是好事，但学习好可能也并不代表成功。家长的希冀太大了，对孩子也是一种强大的压力吧。

七年级二班的所有老师都很认真负责，大家都铆足了浑身的劲儿，强攻待发的感觉。人的一生遇到几个认真负责的老师是一种幸运，良好的学习习惯、努力的孩子，就已经足够了。或许她考不上高中，但未必不是一种好事呢，或许她就是那种坐在路边为别人鼓掌的孩子吧。

我决定睡觉的时候和孩子谈一谈，告诉她放松学习，尽力而为。努力了就是好孩子，但一定要努力，无论做什么。我要告诉她，我以后也一定努力

第五辑 构建学生成长共同体

工作，我们两个一起努力，至于结果，真的无所谓了。我还要告诉她，我永远是她的支持者，永远不离不弃，无论优秀与否，在我眼里，她都是最好的孩子。

淡定了，感觉到一种久违的轻松。

我觉得这就是幸福的生活

上周我去多式联运公司审计了一周，昨天未完成的工作又延续了一天，想到张老师上上周家委会上安排的任务没有完成，心里一直忐忑着。张老师布置的这项作业极好，一是让他及时了解孩子的家庭生活状况，能对孩子的问题对症下药，给孩子和家长开出药方；二是也能让家长克服惰性，把陪伴孩子成长的这段美好岁月记录下来，记录下这酸甜苦辣、五味杂陈、说不清道不明是幸福还是痛苦的点滴经历……张老师在繁重的课业下又带着襁褓中的孩子尚能坚持着每天的教学日记，我相信我也能做到，希望张老师能不断鞭策我这个做事喜欢心血来潮的人！

儿子升入四年级以后才真正跟在我们身边，之前一直住在姥姥家，我们以前的观点是学习的事不用着急，顺其自然，内心里对孩子的学业是不担心的，总是比照小时候的我们。现在想想，孩子今天没有养成好的学习习惯，真的跟我们家长的认识有关，没有从小学低年级养成，后面高年级的时候认识到了，又没有坚持下去，所以现在只能是"在路上"的水平。

在陪伴孩子成长的过程中，每天都有说不完的故事……

上周日吃完早饭，他爸爸去店里了，我在家打扫卫生、洗衣服，孩子写作业——如果孩子能做到我想象的那样吃完饭马上认真写作业、预习复习、把他的弱项语文补一补、看看书、做做阅读理解，我觉得这就是幸福的生活！可是，当我做家务的时候，发现孩子在屋里一点动静都没有，偷偷瞅了一眼，学习桌上没有人，他正在床上玩我的手机。看到这个情况，我第一想到的是忍耐，因为我不愿意做一个唠叨的妈妈！（自从上了初中以后，我精神高度紧张，发现不知不觉变成了一个爱唠叨的人，一件事要叮嘱好几遍，唯恐他不做，我自己都觉得自己很烦）大约过了10分钟，我觉得已经忍耐不了了，便冲过去把手机抢过来，厉声让他写作业，因为12点钟要去游泳，现在已经快10点钟了。他懒懒散散地拿起书包，又要我的手机，说是问同学作业！我一听火冒三丈，昨天他就说作业剩下很少了，再说记作业这事我不知道跟他唠叨多少遍了，怎么还是不记？他说这次作业老师没有写在黑板上，是口头布置的。他总是有理由，我觉得已无话可说！想想上周有几次我跟他正式交流的时候，他也总是答非所问，说些不着边际的玩笑话，再加上这周工作劳累、身体不适，我突然控制不住情绪，大哭起来。我实在不能接受我的孩子学习这么困难。在我的心中，我一直对孩子有一个很高的期望！孩子看到我哭了，非常害怕，因为他是一个孝顺的孩子，看到我真的生气，不知道怎么办才好，不停问怎么样我才能不生气了，只要我不生气，让他做什么都行。后面的学习他相当顺利和用心，昨天回家，还让我看到他的语文配套作业破天荒地得了个"A"，受到了杜老师在群里的表扬！看到孩子的进步，我的心情又大好，周日那些不能承受之重陡然释放。

　　近期，我的生活、心情就是这样随着儿子的学习状态的波动而喜怒无常。周日我情绪失控对教育儿子来说不知道会产生正面还是负面影响，儿子当时为了妈妈不生气而认真学习的劲头会不会保持下去。晚上儿子很认真、很严肃地单独给我讲了那个小男孩生气一次钉一个钉子，最后虽然钉子都拔完了，却留下了伤痕的故事。他说，要是控制不住生了气，不管对自己的身体还是别人的心理来讲，都是不能挽回的伤害！听他讲这些，我觉得孩子真的长大了，有思想了，他能在我发泄痛哭的时候劝慰我，在我心情好的时候通过讲故事教育我，做得比妈妈强！妈妈就是没有这个耐心和自控能力，在一些事情处理上总是事倍功半，所以孩子的学习问题也正慢慢交由他爸爸负责，我把一日三餐做好，照顾好一家三口饮食起居就可以了。祝愿我的孩子早日开启他智慧的头脑，成为一个主动学习、带着兴趣学习的好孩子。这样，初高中的学习生活对他、对我来说，才能真正轻松快乐起来！

这样平淡有序的日子，我觉得很满足

　　每天下班的时候，正好赶上儿子放学回来，在店门口等等他，一会儿就看到他跟同学走过来。远远看见孩子，我喜欢大声呼喊他的名字，将心底的喜悦坦露无遗，我是一个藏不住心的人！见了面，我照例问一下他今天的在校情况。我注意到最近在问孩子学校里的事时，他总说"一般一般，世界第三"的戏谑话，可能这就是成长吧，不像以前那么顺着我了。他说他今天统计数学的"免死金牌"（就是范老师给他们打的小五星）是6个，跟若迟（化名）一样，就他俩最多。我说："那你们的数学是班级前两名。"他说，应该是并列第一。看来儿子也慢慢有了争当第一的意识了。为了保护他的自信，我没有告诉他若迟的数学作业是没有经过家长检查的，而他每天的作业是爸爸检查过了的，两个并列第一的含金量是不一样的。

今天他的作业做得比较认真，也比较快，晚上8点前完成了所有作业，并且数学和英语作业爸爸也检查过了，又照例听了半个小时的英语，额外附加了一篇窦桂梅的阅读理解，已经快到9点了，他申请看会儿电视。到9点半的时候，没想到他主动关了电视，说要睡觉了。这是儿子今天最大的变化，我暗自欢喜，但我没有像以往那样马上表扬他，我要看一看，这种自律是偶尔发生还是已经养成。

今天这样平淡有序的日子，我觉得很幸福、很满足！

成长路上的惊喜

我曾经听过一句话：世上最难当的是父母，因为这个终身的职业没有培训就上岗。我不以为然，大不了与孩子一起成长呗。孩子在成长过程中，给我们带来的更多的是惊喜。

哲坤（化名）自小就特别善良，有正义感。记得小时候他看《西游记》时，每每看到唐僧驱赶悟空，他都会为悟空的不被理解而流泪。今天是国庆放假的第四天，哲坤与两个同学在我家写"周周清"作业。作业写完，一向好打球的他与同学一块去了小区的篮球场打球。一场球下来，孩子们个个都大汗淋漓，口渴至极，细心的他带了半杯水出门。此时此景，站在身旁的妈妈正在想这孩子应该不会让同学们都看着他有水喝吧？正在这时，哲坤拿着手里的半杯水分给身边的同学及弟弟喝。也许正是喝了这不可多得的几口水，同学们的口渴感瞬间消减不少。我为哲坤的这种愿意分享、懂得关爱他人的健康心态感到无比高兴。

如今的社会，许多孩子都被爸妈视为掌上明珠，从小就养成自以为是、自私、一切以自我为中心的人生观。然而从儿子这个不起眼的动作当中，我看到了他正确的心态。

高兴着的同时，我又想起了暑假里的一次难忘经历：哲坤组织了一次"自由方特行"。7月初，哲坤与小学的另外8名同学相约乘坐公交车去方特一天游。孩子们在他的组织下，来到了约定出发点（许多同学都是由家长陪同过来）。哲坤是最早一个来到集合地等待同学的，同学们陆续来到，家长们陆续离开。接下来，哲坤领着同学们一块乘坐765公交车来到了方特梦幻王国。一天游结束后，哲坤等着所有同学都上了公交车，自己最晚一个回家（回家的公交线路不一样）。回到家后，等所有的同学一一发来信息报平安，他才完成一天的艰巨任务。孩子的第一次组织活动就这样圆满结束了。

对于教育孩子，我一直认为是越早放手越轻松。多年来，我们一直是这样要求孩子的。孩子在独立的同时也成长了不少，学会了担当、关爱他人。

八、我这样来应对家长的盛情

今年（2010年）春季，我正在陵城中学参加市教育局送课下乡活动，上完课后，我们正在进行座谈，这时手机信息铃声突然响起：话费200元充值成功。是谁给我充了话费？可能是谁充值充错了吧？我想，如果是充错的话，可能会给我打电话的。从陵城回来，走到曲阜师范大学时，电话铃响了，我一看号码是一个家长的，难道是他？我没接，因为我没有想好怎么处理这件事。一会儿他又发过来一条信息："张老师，您好！谢谢您对HT（化名）的教育与关心。我们不知道怎么表达对您的感谢，所以就给您充了200元话费，深表谢意。"原来真的是他！这可怎么办？我不能要哇！可话费已经充进去了，我怎么给他？回到学校，我静坐沉思，想有没有两全其美的对策。经过缜密的思考，我走到了教室，把HT喊了出来，对他说："今天上午，我借了你爸爸200元钱，麻烦你下午放学回家还给他，好吗？谢谢你。"孩子愣了一下："你怎么会借我爸爸的钱？""今天碰巧了。"然后我又给他父亲发了一条信息："谢谢您，这话费我真的不能要！我已经让孩子把钱带回去了。您放心，我给孩子说是借您的钱，这样都会有面子的。很高兴能陪孩子在初中的最后一程，我会继续努力的。把孩子交给我，您就放心吧。随时欢迎您来学校指导我们的工作。"后来，在通电话时，这位家长又谈到我把钱还给他让他很难受。我说："没什么，其实您真的没必要。我如果要了，那我们见面该会多尴尬呀。"他没有再坚持什么，但可以听得出来对我的敬意又增加了几分。

一直到现在，我还在欣喜自己把这件事处理得明智呢。

九、家长朋友，我想对您说

亲爱的家长朋友：

每天，孩子们都在以不同的生命状态成长着，这成长里既有欣喜、有进步、有成绩，也有困惑、有问题、有不足……

作为父母，无论孩子怎样，我们都应该坦然面对、认真对待、科学分析、积极思考、找寻对策，以积极的心态和孩子交流，实事求是地分析孩子目前的状况，好的继续发扬，不好的帮助孩子找到原因，看到底有哪些因素影响孩子的学习和成长。在明确原因的基础上，和孩子一起制订下一步的学习成长计划和措施。这样，既可以让孩子认识到自己的不足，又可以让孩子信心满满地前行。

多给孩子成长的时间和空间，多给孩子成长的机会，多些方法指导。作为父母，在可能的情况下学着尽可能尝试着让孩子自己成长，学会放手，更多地要在对孩子做人做事方面多些方法指导，而不是在孩子出现问题时再问责。

多些耐心倾听。作为父母，一定要记得倾听孩子的声音，这样，孩子才会对父母敞开心扉，父母才可能更好地了解孩子。

多些鼓励和激励。作为父母，应多找孩子身上的优点和闪光点，如果实在太少，还要知道有些闪光点其实是可以培养的，这就需要父母有心和用心，尽可能对孩子多些鼓励的眼神和鼓励的笑脸，让孩子既可以感受到父母爱的阳光，又可以坚持把正确的事情做下去。

多些用心陪伴，多些宽容，尤其在孩子苦恼的时候，在孩子无助的时候，在孩子痛心的时候，在孩子需要帮助的时候。父母的陪伴会成为一缕温暖的春风，吹散孩子脸上的愁云，点亮孩子的心灵，孩子才会觉得前行的路上不可怕，因为有爱他的父母在陪伴他、支持他，在和他一起面对问题、面对困难！

朋友们，孩子成长是我们家校双方共同关注的话题，也是我们必须共同关心、共同努力才可以做得更好的。所以，我们应该心往一处想、劲往一处使，不利于孩子成长的话不说，不利于孩子成长的事不做，朝着共同的目标一起加油吧！

转变教育理念，智慧教育言行，家校紧密协作，双方形成合力。我想，一个让孩子健康、向上、快乐成长的生命共同体一定可以构建起来。

06

第六辑

一起走过花季雨季

（《山东教育报》"信来信往"专栏）

青春花季

男女生不能正常交往吗？

【学生来信】

张老师：

您好！

我是七年级的一位男生，在班里学习成绩不错，又乐于助人，所以平时总有同学问我题，我也非常高兴告诉同学。不管是男生还是女生，只要有问题，我会一视同仁，耐心细致地解答。其中，我的后位小梦（化名）同学问题最多，但后来不知谁造谣生事，说我特别"关照"小梦。我很郁闷，为了避免不必要的麻烦，我决定再也不帮助女生解题了，可是仍然有女生在向我求助。帮吧，违背了我不帮女生的原则；不帮吧，又不能无视她们那求助渴盼的眼神。张老师，男女生真的不能正常交往吗？

一个期待您帮助的男孩儿　帅　帅（化名）

【心理热线】

帅帅：

你好！首先感谢你对张老师的信任！从来信可以看出，你的处理方法有些不妥，因为别人不好的言论而放弃自己的正确做法是不可取的。男女异性同学由于兴趣爱好相投或学习、生活上接触稍微多一点，就立刻有同学传出各种闲言碎语，使他们不敢进行正常的接触。这是封建观念的不良影响，看来在你身上也有所体现了。你知道吗？异性交往有以下好处呢：

（1）有利于智力上取长补短。通过交往，男女同学均可以从对方那里取长补短，从而有助于提高自己的智力水平和学习效率。

（2）有利于情感上互相交流。人与人之间的情感是极其丰富的，除了爱情之外，还有亲情、友情、同情、敬爱之情、感激之情等。男生向女生吐露自己的不幸和难堪，可以在同情声中平静下来；女生向男生诉说自己的犹豫和愁苦，可以在鼓励声中振奋起来。

（3）有利于个性上互相丰富。交往范围越广泛，有同性朋友且有异性朋友的人，性格相对来说比较豁达开朗，情感体验比较丰富，意志也比较坚强。

（4）有利于增进心理健康。男女交往，可以满足青少年的心理需求，达到心理平衡；男女同学加强交往，增进了解，可以淡化彼此对异性的好奇心，掌握友谊与爱情的区别，从而更稳妥地把握自己的情感。

不过，你要学会与女生正确交往，既要互相尊重，又要自重自爱；既要开放自己，又要把握分寸；既要主动热情，又要注意交往方式、场合、时间和频率。要真诚待人、坦然大方地与异性同学交往。

学校里有男同学也有女同学，男生与女生的交往是校园生活的重要部分。"男女授受不亲"是我国封建道德规范，是封建时代男女不平等的体现。摒弃这一封建思想，你们才能建立男女同学之间的正常关系。我想你应该继续坚持与小梦等女同学间的正常交往，同时可以尽量向那些造谣的同学解释自己的正确做法，取得他们的理解，还可以求助于老师和同学。实在不行，那就"走自己的路，让别人说去吧"。

期待你可以快些从纠结中走出来，加油！

你的朋友　张国强

亲子关系

1. 当爸爸偷看了我的成长日记

【学生来信】

张老师：

您好！

请原谅这一周我没有写成长日记和您交流，因为我和爸爸发生了一个不大不小的矛盾，那就是他竟然偷看了我的成长日记。本来，这种日记算不上多大的隐私，但我无法忍受他的行为！请老师告诉我，怎样才能避免再次和爸爸发生这样的矛盾呢？

一个想得到您帮助的男孩儿 亮 亮（化名）

【心理热线】

亮亮：

你好！你的成长日记被爸爸偷看了，看来你十分生气！作为老师，你的朋友，我特别能理解你此时此刻的感受和心情。成长日记是我们师生之间进行交流分享的相对独立空间，其中不乏真实的心理状态描写，从某种程度上说，有些就是心理隐私！所以，你爸爸的做法的确有些欠妥呢！

不过，既然爸爸已经看了你的成长日记，你就应该坦诚地告诉他这种做法给你带来的伤害与不信任。当然，你更应理解爸爸的良苦用心，爸爸只是想更多地了解你。可以说，每个家长都关心自己的孩子，成龙成凤的心理为人父母都有。从某种程度上讲，家长关心子女远比关心自己要多。令人遗憾的是，我们家长的关心很多时候不在点子上。在日常生活中，一些父母也常常会因为不尊重未成年子女的合法权益而发生这样或那样的矛盾，误解了孩子某些情感体验、交往现象等，于是不自觉地造成了对孩子合法权益的侵犯。

那么，怎样才能避免你和爸爸之间再发生类似的矛盾呢？你不妨尝试这样做：

一是和爸爸经常沟通。爸爸为什么会偷看你的日记？我想可能是爸爸和你之间的沟通交流出现了障碍，才会导致爱子心切的爸爸不得不去"偷"看你的成长日记，所以爸爸的行为本身并无恶意。既然知道了爸爸偷看日记的原因，你只需从"根"上解决问题，所有的烦恼都会迎刃而解。你要学会和爸爸畅通地交流思想，把爸爸当朋友，将你的困难和心事透露给他，相信善解人意、阳光大气的爸爸一定会帮助你，他自然也不会再对你的日记本"打主意"了！

二是巧用日记。也许你会说，每次和爸爸对话，他总是不能心平气和，沟通效果很差。那张老师告诉你一个方法，你可以利用日记这种方式，把要对爸爸说的话、提的意见和建议写在成长日记上给他看。很多时候，文字的力量要比面对面的语言有用得多。这样，你就不会再想着启用带锁的日记本，或总是把日记本藏来藏去，或把日记写在QQ空间里，并且经常更换密码……我想，说不定我们师生之间的成长日记也会成为你和爸爸之间更好交流的重要载体呢！

作为爸爸，他是你成长道路上的引路人，要冷静、理智、民主、平等、友好地同你对话，用心跟你沟通交流，彼此成为心灵上的朋友。关于这一点，老师也会找机会和你爸爸交流沟通的，好吗？

作为爸爸的宝贝儿子，你一定要有男子汉宽广的胸怀，有宽容之心，平时注意和爸爸多交流，这样矛盾肯定会越来越少！祝福你和你的爸爸，加油！

你的朋友　张国强

2. 当父亲拔下了网线

【学生来信】

张老师：

您好！我有心里话想对您说。星期天的晚上，我抱着课本去书房里查资料，爸爸同意了。我认真查了20分钟左右就大功告成，但没经得住诱惑开始玩起游戏来。可没玩一会儿，爸爸就进来了，看到我玩游戏非常气愤，凶了我一顿就让我关上。我顿时心感委屈，倔强地不关。爸爸发怒了，一下就拔掉了网线。我委屈地跑进卧室把门反锁，心想就算我做错了，爸爸也不可以用暴力的方式解决问题呀，人难免会犯错，难道我的错误不可原谅吗？家长们不明是非的解决问题的方法真是让我们苦恼，但是我们的情愫要向谁诉说呢？孩子努力地想要和家长沟通，一不小心扯到学习问题上，家长又长篇大论地谈起学习的重要性。可是这些孩子都懂，不懂的话就不会主动聊到学习，不懂的话就不会静下心来与家长沟通学习。可是家长懂吗？家长懂孩子暗下决心好好学习，将来努力的成果都给爸妈吗？家长只懂孩子倔强的表面，而不懂他们的内心。我知道爸爸是为了我好，不想让我耽误了学习，但是他应该坐下来和我聊聊呀，他的行为方式已经打击了我的内心，我的心情很沉重，也很失落！老师，家长和孩子什么时候才可以心平气和地坐下来聊聊呢？

您的朋友　小　雅（化名）

【心理热线】

小雅：

你好！你查完资料玩游戏时，爸爸粗暴地拔了网线，这令你很难堪，感到很委屈。的确是这样，老师读后也有类似的感觉，你父亲的举止行为多少有些欠妥呢！其实你遇到的这种情况应是好多家庭中都会发生的，望子成龙、望女成凤，这是所有家长的共同愿望！因此，家长不能看见孩子不学习而上网玩游戏！可是换位思考一下，你有没有体谅父母呢？你要明白一点：他们也是为了你好！爸爸是爱你的，他的出发点是好的，只不过行为有些过激。所以，你要学会理解，理解你的父母望子成龙的美好愿望；学会宽容，谁都有生气发脾气的时候，而在这种情况下，很多人都有可能无法保持冷静，你要包容你的父母情急之下粗暴的举动；学会自律，制订自己的学习计划，然后按照计划进行，不能经不起诱惑而放弃自己计划好的事情；学会沟通，家长也是通情达理的，但你要让他们知道你的计划，你可以心平气和地主动跟父母沟通，谈谈你的理想，说说你的感受，告诉父母你也需要尊重。相信他们如果清楚了你的理想，找到了适合你们之间的沟通方式，你们之间的鸿沟会慢慢消失的。

110

真诚期望你能从此烦恼中尽快解脱出来，加油！

你的朋友　张国强

3. 搭建心灵沟通的桥梁，化解父母子女间"爱"的冲突

【学生来信】

张老师：

您好！请原谅这几天我没有写"跨栏日记"，因为我和妈妈发生了不大不小的一个矛盾，那就是她偷看了我的"跨栏日记"。本来，"跨栏日记"算不上隐私，但我无法忍受她的行为！老师，我很苦恼，我该怎么办呢？

您的朋友　晓　亮（化名）

【心理热线】

晓亮：

你好！不能及时地和你交流，并分享你"跨栏"的快乐，老师也正纳闷呢！现在才得知是因为妈妈偷看了你的"跨栏日记"，我很着急，也不知道你们之间的关系是否得到了缓和。

"跨栏日记"是"跨栏军团"真实的"跨栏"记录，当然也可能会有你们真实的心理状态描写，所以从某种程度上说，有些是你们的心理隐私！从这一点上看，妈妈的做法确实有些欠妥，毕竟《未成年人保护法》有对你们隐私的权益保护！是啊，尽管日记里面没有什么见不得人的东西，但那毕竟是自己的感受、自己的真心话，怎么能够不经过自己的允许就被妈妈看到呢？

不过，你是否考虑过，妈妈为什么会偷看你的"跨栏日记"呢？这说明你平时很少与父母沟通和交流！你的妈妈很想了解你的思想状况，可你又把自己封闭起来，妈妈无从下手，就采取了这个不得已而为之的举措。又或许她是不小心才看到了呢？

作为你来说，我想你是否可以这样做：

（1）要学会理解自己的妈妈。学会换位思考，懂得妈妈的出发点是好的，是出于对你的爱护，在关心你的健康成长。妈妈把你看成自己生命的一部分，关心你胜过关心自己。所以，你要理解父母、亲近父母，努力跨越代沟，理解父母对自己的希望，理解父母的烦恼。

（2）要学会尊重自己的妈妈。首先，要在态度上尊重妈妈。妈妈是生你养你的人，也是你最亲近的人。妈妈为你遮风挡雨，为你劈波斩浪，为你扫除前进的障碍，你应报答妈妈，这种报答最起码的方式就是尊重。其次，与

第六辑　一起走过花季雨季

111

妈妈发生矛盾时不闹对立，要冷静处理，不要顶撞妈妈。

（3）要掌握和妈妈沟通的技巧与方法。比如敞开心扉，主动与妈妈谈心，交流自己的学习和生活状态；有事多与妈妈商量；学会控制情绪等。

日记是一道小溪，流着源头清澈的美丽；

日记是一片白云，舒展蓝天宽广的胸襟；

日记是一丝轻风，拂去往昔的阴霾，飘来温馨的回忆；

日记是一双翅膀，驮起装满阳光的日子。

真诚祝福你和你的妈妈！

你的朋友　张国强

4. 耳机，让我沉醉在自己的世界里

【学生来信】

张老师：

您好！我是一名七年级男生，自控力不是很好，在家里总想玩完再做作业。可爸妈对我期望很高，总是不停地督促我，妈妈的唠叨是我觉得最烦的。比如，我正好端端地做功课，妈妈会突然说："头要抬起来，身体坐正。"刚打开电视，她就说："有作业吗？今天作业多吗？做好了吗？"弄得我左也不是右也不是，本来很好的心情被她一搅也烟消云散了。所以，我最喜欢一个人待在家里，听着音乐非但不会感到寂寞，反而觉得自由，无拘无束。我最喜欢在睡前听一些流行歌曲，不听根本睡不着，因为会不由自主地想着白天的一些烦心事。但醒来才发现MP3开了一整夜，耗完电才自动关的机，耳朵也有点酸疼。张老师，我这种情况在中学生中是否正常呢？

一个需要您帮助的男生　晓凯（化名）

【心理热线】

晓凯：

你好！读着你的来信，感觉是闭锁心理在左右你的学习和生活。当中学生进入青春期后，有了自己的思想，希望他人将自己看成大人，特别是渴望父母像对待大人那样对待自己，却不知怎样与父母沟通，使得这一时期的中学生常常陷入与父母无法交流、产生代沟的烦恼之中。就像你，显然在与父母的沟通上出现了问题，因为无力解决面临的困难，而躲避在自己的世界里，在音乐中疏解情绪，在歌曲中找回失去的理解与关注，甚至晚上都要伴着音乐入眠而忘记关掉，这种对MP3的嗜好具有依赖成瘾的特征。而成瘾则

112

往往是由渴望被父母理解、接纳的心理需要所引起的。

我认为你目前的状况不是很正常，时间长了会严重影响你的身心健康，必须尽快改变。

（1）用恰当的方式向父母传递有关自己的信息和情况，表达自己的心情，说出自己的意见，让父母了解自己。你可以保持自己的独立性，但不要忽略与父母的交流和沟通。与父母发生矛盾时，要耐心解释，让父母听得进，以得到他们对自己的理解。解释时说话放低声调，斟酌词句，有商有量。如果你认为父母确实做得不对，可以试着将你的想法表达出来，千万不要压抑心中的不满。当父母责备你的时候，你可以心平气和地将自己的感受讲出来，以得到父母的理解；当你们发生冲突或误会之后，在母亲节或父亲节时送上一张小卡片，在祝福他们的同时说出自己的感受，或为他们点一首歌，并附带讲出自己的心里话，大部分家长都可以接受。

（2）适当改变自身个性行为，多问问自己：为什么父母看不惯自己的言行举止呢？自己是不是可以做得更好一点呢？找出自己的不足，尽可能尝试改变，并且尽可能做好。记住：做好自己是不让父母操心督促的最好办法！

（3）尊重是关键。父母也是一个平凡人，也有平凡人的缺点。而且大多数父母都是望子成龙、望女成凤，对儿女的期望值很高，也许会常常拿你和其他更出色的同学比较。他们可能文化水平不是太高，并不太懂得如何表达自己的期望，但出发点是好的。尊重是与父母交往的基本要求。如果连最爱自己、为自己付出最多的人都不尊重，就失去了最起码的道德。

尽情地展示你的青春风采和天真气息，以热情、开朗的态度面对人生，从自我封闭的怪圈中走出来，拥抱快乐的学习生活吧！

你的朋友　张国强

师生关系

1. 当我在课堂上有了另类表现

【学生来信】

张老师：

您好！我是一名初一学生，课堂上我常常不能控制自己在课堂上说话，有时候跟老师意见不一样就大声喧哗，甚至与老师顶撞，有时导致一堂课有一半时间都在争论，我老是感觉老师们不能接受我的意见，最后弄得老师都不愿意上我们班的课，大家都觉得我是个难剃的"刺猬头"。班主任也对我进行了家访，可我总感觉自己是对的。慢慢地，父母老是唠叨我的不好，老师们看我的眼神更是犀利，同学们也在有意疏远我，我感到很孤独。张老师，我想表达我的观点错在哪儿了？我该如何去做，才能让老师、家长和同学们都喜欢我呢？

一个需要您帮助的孩子　亚　明（化名）

【心理热线】

亚明：

你好！师生关系是学校人际关系中非常重要的一种关系。小学的学生往往对老师充满了敬畏和敬仰，而到了中学以后，很多学生都以为自己长大了，逐步学会了独立思考，独立寻找解决问题的办法，不再像小学生那样盲目地顺从老师了。还有一些学生对老师越来越挑剔了，甚至会因为和老师产生一点小误解而怨恨老师，对老师产生抵触情绪。孩子，读着你的来信，老师真不敢恭维你在课堂上的这些表现，它在很大程度上对老师和同学造成了不好的影响，从而形成了一种不和谐的师生关系，同时也影响了你学习生活的心情，不利于你的健康成长。

对于如何使师生关系和谐，学生如何在课堂上有好的表现，老师认为你不妨从以下几个方面来做：

（1）要认真反思，正确认识自己的角色，积极从自身找原因。作为一名学生，在课堂上应该主动地参与老师组织的教学活动，积极发言，阐释自己的观点，但这可不是让你和老师争执不休啊！这会严重影响上课的进程，影响教学进度，使得老师完不成本节课的教学任务，也影响了更多同学的学习。所以，认识到是自己的另类表现让老师讲不下课去，应该勇敢承担这个责任。

（2）要有集体观念。自己是班集体的一分子，不能只考虑自己的感受，尤其在课堂上不能想干什么就干什么，甚至和老师发生争执，进而影响老师讲课，同学们也听不成课，这是一种严重损害集体利益的行为，希望引起你的警醒。

（3）要客观、全面地看待你的老师，要尊敬老师，礼貌地沟通。老师也是一个独立的个体，有自己的长处和短处，由于情绪、能力的原因，也会犯各种各样的错误。所以，作为学生，要客观、全面地评价老师，不要将老师完美化。如果老师真的有什么错误，可以在课后通过匿名纸条的方式传达给老师，不要在上课的时候站起来争辩，这样既不礼貌，也耽误了大家的时间。

正确认识自己的角色，心中有集体，尊重老师的劳动，注意与老师交流的场所和尺度，你一定会赢得老师、同学和家长的尊重的，加油！

你的朋友　张国强

2. 因物理老师，我失去了学习物理的兴趣

【学生来信】

张老师：

您好！我是一名八年级学生，我很怕我的物理老师。有一次我去问他物理题，他看了一眼，然后用很生气的口吻对我说："你脑袋被门挤了，这么简单的题都不会。"于是我连忙灰溜溜地离开了办公室。从那次以后，我就

再也没有去问他题，以至于我总是不会做物理后面的大题。每一个老师都说物理简单，只需要记住公式，多看题目就会了。可是对我来说却不是这样，当我记住了公式，认真把题目思考过后还是不会解。张老师，我感觉我不喜欢物理老师了，对物理学习也没有了兴趣，我现在该怎么办？

一个期待您帮助的男孩 亚坤（化名）

【心理热线】

亚坤：

你好！从来信中得知，你的物理学习遇到了困难，和物理老师的关系不是那么和谐，老师也很为你着急！我感到有两个方面的问题，要和你好好交流一下。

一是关于和物理老师的关系问题。你知道吗？在中学阶段，中学生不再像小学生那样视老师为至高无上的权威，开始对老师有了新的认识，并有了更高的要求，对于喜欢什么样的老师也有了更明确的看法。不过，好多事例表明，与哪个老师关系比较融洽，喜欢上哪门课，哪门成绩就好；如果与哪个老师关系不好，也会殃及那门课。这些都在你身上表现得淋漓尽致！没有缺点的人是不存在的，老师也不是完美的！所以，你要正确对待老师的过失和不足，老师的观点有可能也不正确，甚至个别老师太严厉，这都是有可能的。但你不能因此使性子断绝和老师来往，甚至开始反感老师，这只能更影响你这门功课的学习！和老师关系融洽，既可以促进学习，又可以学到很多做人的道理，会使你受益终身。

二是如何才能学好物理课程的问题。根据我初中时学习物理的体会以及与一些物理老师的交流，下面给你提供一些学习方法，希望可以帮到你。

（1）课前认真预习。课前预习未讲授的新课，首先把新课的内容仔细地阅读一遍，通过阅读、分析、思考，了解教材的知识体系、重点、难点、范围和要求。对于物理概念和规律则要抓住其核心以及与其他物理概念和规律的区别与联系，把教材中自己不懂的疑难问题记录下来。

（2）主动提高听课的效率。带着预习的问题听课，可以提高听课的效率，能使听课的重点更加突出。课堂上，当老师讲到自己预习时的不懂之处时，注意认真听讲，力求当堂弄懂。同时可以对比老师的讲解以检查自己对教材理解的深度和广度，学习老师对疑难问题的分析过程和思维方法，进一步提高自己的学习能力。

（3）定期整理学习笔记。在学习过程中，通过对所学知识的回顾，对照预习笔记、听课笔记、作业、达标检测、教科书和参考书等材料加以补充、归纳，使所学的知识达到系统、完整和高度概括的水平。学习笔记要简明、易看、一目了然，符合自己的特点，做到定期按知识本身的体系加以归类，整理出总结性的学习笔记，以求知识系统化。

（4）复习总结提高。课后要及时地复习、总结。课后的复习除了每节课后的整理笔记、完成作业外，还要进行章节的单元复习。要经常通过对比、鉴别，弄清事物的本质、内在联系以及变化发展过程，并及时归纳总结，以形成系统的知识。通过分析对比、归纳总结，便可以使知识前后贯通、纵横联系，并从物理量间的因果联系和发展变化中加深对物理概念与规律的理解。这样既能不断巩固加深所学知识，又能提高归纳总结的能力。

任何一门课程学习成绩的提高，一般是从喜欢这门课程的老师开始的。所以，你现在要抓紧时间从害怕物理老师的误区里走出来，主动接近物理老师并改善关系，及时和老师交流与沟通，掌握科学的物理学习方法，你会慢慢喜欢物理老师的，你的物理学习也会大有改观的，成绩自然会提高。期待你的好消息！

你的朋友　张国强

同学关系

1.赶走嫉妒心魔，净化心灵天空

【学生来信】

张老师：

　　您好！上小学时，我的成绩非常好，老师常常夸我，甚至在公开场合表扬我，父母更是为我感到骄傲，常常在邻里亲戚面前夸奖我，我走到哪儿，称赞就跟随到哪儿。可进入中学后，我的成绩总在班级第十名左右徘徊，这让他们很失落，埋怨随之而来。于是，我开始在不快乐中学习，成绩逐渐下滑，心理也发生了变化：对于老师夸奖的同学看不顺眼，看到成绩好的同学也嗤之以鼻，老是觉得是他们让我没有了从前优异的成绩。于是我常常在张三面前讲李四的坏话，在李四面前诽谤张三……而自己的成绩并没有因此提升，反而一落千丈，与同学们的关系也变得更糟。我迷茫了，我很想从中走出来好好学习，和同学搞好关系，可我该怎么办呢？

您的朋友　芳　芳（化名）

【心理热线】

芳芳：

　　你好！老师很能理解你现在的心情，你具有较强的上进心，只是由于成绩波动且没有调整好心态，以至于比较严重地影响了自己的学习和同学间的交往。

　　你之所以出现这种状况，主要是因为你一直表现很优秀，得到的大多是肯定和表扬，而一旦遇到挫折就无法接受和正确面对。所以，你对别人的优点和成绩非但不为之高兴，反而感到不舒服。从心理学角度讲，你的这种表现是嫉妒心理在作怪。嫉妒，是我们在交往过程中发现自己在才能、成就、地位以及条件和机遇等方面不如别人而产生的一种失落、羞愧、怨恨和愤怒相交织的复杂情绪状态。这是一种十分有害的不良心理，一旦发展严重，就会变成一种心理障碍，不利于你今后人格的完善和心智的发展，必须予以矫正。

　　在此，老师给你提供几种方法和建议。

　　（1）正确认识法。嫉妒心的产生往往是由于误解所引起的，即人家取得了成就，便误以为是对自己的否定。其实，一个人的成功不仅要靠自己的努力，更要靠别人的帮助。荣誉既是他的，也是大家的，人们给予他赞美、荣誉，并没有损害到你。

　　（2）心理位置互换法。俗话说"将心比心""设身处地"，这在心理学上就叫"心理位置互换"。一旦嫉妒的阴影笼罩在自己的心头，就要学会站在对方的位置上设身处地地想一想："假如我是他，别人这样对我，我会怎样想，怎样做？"这样，就可以借助内心的情绪体验，自觉地驱散笼罩在心头的嫉妒阴影。记住："己所不欲，勿施于人。"

　　（3）学会合理宣泄。最好能找知心朋友、亲人痛痛快快地说个够，他们能帮助你阻止嫉妒朝着更深的程度发展。另外，可借助各种业余爱好来宣泄和疏导，如唱歌、跳舞、练书法、下棋等。

　　（4）树立远大理想，克服盲目的争强好胜心态。高尔基认为，一个人追求的目标越高，他的才能就发展得越快，对社会就越有益。

　　我想，只要你能正确认识目前的心理状态并想办法努力克服，很快就能恢复到阳光灿烂的你！

　　加油，你可以的！

你的朋友　张国强

2. 当学生干部，我很纠结

【学生来信】

张老师：

您好！这几天，我一直很纠结一件事情：现在都初三了，我却还在级部和学校的卫生部、文学社等担任一些职务，管理的忙碌、升学的压力、家长的期望让我喘不过气来，您说这会不会耽误我的学习呢？

我很纠结，我该怎么办？请您帮帮我，好吗？

您的朋友 晓寒（化名）

【心理热线】

晓寒：

你好！读着你着急的文字，老师都可以想象得出你现在纠结的样子！其实，在不少学生眼里，当班干部是一件苦差事，是一种出力不讨好的差事。年级越高，有这种想法的同学可能会越多。所以，老师可以理解你有这样的想法。

孩子，由于你的优秀，你担任了我们级部和学校的一些学生职务，老师一直为你感到自豪，你应该高兴才是啊！你要知道，在校期间担任学生干部无疑会或多或少地锻炼你，处于班干部的位置也会激发你努力学习，而且还可以锻炼你的领导能力和应变能力、组织能力，特别是在为人处世方面。因为学校也是一个小社会，所以担任学生干部会更加有利于你的成长，有利于你人格的完善，走向社会你才能工作大胆、处事果断，这对你来说应该是人生旅程中一笔非常宝贵的财富。

我想，你现在最需要做的就是正确处理好学习与管理事务的关系，既要安排好自己的学习时间，找到适合自己的学习方法，提高自己的学习实效，又要讲究工作方法，学会统筹兼顾，提高工作效率。这样，当学生干部不仅不会耽误你的学习，同时在管理上的有条不紊还会有助于你学习上的井井有条，还有可能使你学习更加进步，各方面表现更加优秀。

当今社会需要的是能适应社会的全面型人才，而不是书呆子。在提倡全面发展的今天，我觉得当班干部是一种责任，更是一种挑战。经历就是财富，我相信你的学生干部经历定会为你以后的成长发展奠定良好的基础。加油！

你的朋友 张国强

3. 哥们儿义气，要不得

【学生来信】

张老师：

您好！我是一名八年级男生，平时喜欢参加班级和学校的各种活动，性格外向，喜欢与人交往，但多与调皮的同学为伍，好与人争斗，易冲动，哥们儿义气较重，看见朋友受欺负，我就会冲上去帮他殴打别人。爸爸妈妈说我我也不听，老师也同我谈话说我交友有问题，可我就是搞不懂，为了朋友不可以两肋插刀？张老师，您能帮帮我吗？

一个渴望被指点迷津的学生　鹏　亮（化名）

【心理热线】

鹏亮：

你好！从来信中可以看到，你这是典型的"哥们儿义气"行为，是十分有害的。心理学研究表明，处于青春期的青少年，有一个比较显著的特点是比较单纯，喜欢交往，注重友情。在同学的交往中，这种感情是最真挚的。但也不排除由于各种因素的影响，一些同学缺乏明确的道德观念，分不清什么是真正的友谊，甚至把"哥们儿义气"当成交朋友的条件，从而使自己误入歧途。你信中所描述的行为，就说明了这一点呢。

其实，友谊与"哥们儿义气"是有本质区别的。友谊是人与人之间的一种真挚的情感，是一种高尚的情操；"哥们儿义气"则是一种比较狭隘的封建道德观念，视几个人或某个小集团的利益高于一切，信奉的是"为朋友两肋插刀""士为知己者死""有难同当，有福同享"，即使是错了，甚至杀人越货、触犯法律，也不能背叛这个"义"字。因而，这与同学之间的真正友谊是截然不同的。《论语》中说："益者三友，损者三友。友直，友谅，友多闻，益矣；友便辟，友善柔，友便佞，损矣。"孔子教育自己的学生要交好的朋友，不结交不好的朋友，我们是否可以从中受到启发呢？

根据你现在的情况，我想你可以这样做：

（1）要从自己的思想深处查一查，为什么自己对"哥们儿义气"产生了兴趣。它是在自己生活中哪个环节侵入头脑的？"哥们儿义气"和我们所提倡的精神文明到底有什么差别？危害在哪里？找到了症结所在，我们才能对症下药，勇敢地向"哥们儿义气"告别。

（2）要积极培养高级情感，如道德感、友谊感、集体感、荣誉感等，取代头脑中那种狭隘的"哥们儿义气"。一旦这些健康的、向上的情感在头脑中占主导地位，那种低级的、狭隘的"哥们儿义气"就没有空间了。

（3）用理智驾驭自己的情感，做情感的主人。古人云："行成于思，毁于随。"也就是说，多想可以事先避免许多差错。这样，再有人用"义气"拉你干错事，你便会有所察觉，不为"义气"所动了。

要交好朋友，不交坏朋友，一要有仁爱之心，愿意与人亲近，有结交朋友的意愿；二要有辨别能力，这样才能交到品质好的朋友。关键时刻，人每前进一步都需要勇气和毅力，和"哥们儿义气"告别也是这样，同样需要坚强的意志和决心。刚开始时，你可能是痛苦甚至矛盾的，也许会招来打击报复，但当你勇敢地迈出第一步时，你会觉得自己在升华、提高，不断充实！期待你的好消息，祝福你！

你的朋友　张国强

4. 当班委遭到谩骂声

【学生来信】

张老师：

您好！我是初二的一个女生，在校内是校学生会主席、班里的班长。最近听到班里同学各种各样的骂声，大体内容是说我把什么事情都告诉了班主任等，可是我并没有，这件事对我的影响很大，我很委屈，我该怎么办？

一个需要您帮助的女生　雅 芳（化名）

【心理热线】

雅芳：

你好！从来信可以感觉到你现在很委屈。是啊，作为班长，还有什么比同学们不理解自己更难受呢！的确，班干部既要接受班主任的领导，又要为同学服务，接受同学的监督，因此常常处于各种矛盾的交叉点。班干部与同学关系是否正常，将直接影响到班干部职能的正常发挥。

要想和谐同学关系，改变你现在的处境，不再委屈，你可以从以下几点来做：

（1）认真倾听同学们对你的不满，反思自己的不当言行。俗话说："无风不起浪。"也许你的工作方式方法的确出现了问题，你向班主任反映同学们问题的时候，可能没有考虑到会带来什么后果。不过，骂声可以让你更清醒，认真反思自己的言行，了解自己工作的不当之处，从而使你以后的工作少走弯路。

（2）正确处理与同学的关系，树立在同学中的威信。作为班长，不要高高在上，不要充当班主任的监视器、传声筒，要和同学们打成一片，积极与同学沟通交流，做到以身作则、关心同学、为大家服务，要时时想到手中的权力是集体赋予的，不能有高人一等的优越感，不能滥用手中的权力，要胸怀全局，善于处理个人与班集体的关系，以此不断提高班干部的威信。

（3）正确面对与处理同学之间发生的矛盾。当好优秀班干部，必然会遇到各种矛盾，假如处理不好，就会影响自己的思想情绪和工作学习。作为班长，面对矛盾要心胸宽广，可采取当面交谈或书信谈心的方式，沟通思想，消除误会，化解矛盾，避免公开冲突。

（4）要想管别人，首先要管好自己、做好自己。班长不仅担负着全班的日常管理工作，同时也是同学们行为的标杆。如果光要求别人做，而自己却做不到，就很难得到同学的信任与支持。

因此，老师真诚地希望你做好自己、胸怀全局，协调好各种关系，真正成为老师和学生之间联系的纽带，和老师一起带领全班同学共同前进！加油！

你的朋友　张国强

5. 我的猜疑我的痛

【学生来信】

张老师：

您好！我是八年级的一个女生，性格比较内向，还有些固执，最近感觉老师对我没有以前好了，心里很苦闷，所以我就开始怀疑有同学在老师面前说了我的坏话。在家里，妈妈也总是说老师说我最近表现不是很好！于是我就猜是哪个老师？在学校里，我看每个同学都像说我坏话的样子，可又很难确定。因此，我每天都生活在猜疑中，无法解脱出来。我到底怎么了？我该怎么办？看到《中学生报》上您的邮箱，就想和您倾诉一下，希望您可以帮帮我！

一个苦恼的中学生　盼盼（化名）

【心理热线】

盼盼：

你好！读着你的来信，我可以感受到你现在的苦恼。从来信可以看出，是你的猜疑心理让你这样苦恼。猜疑心理是中学生与他人交往中出现的一种不良心理呢！由于你过分敏感，过分留意别人的脸色和言行，捕风捉影、节外生枝、过分猜疑，所以才导致自寻苦恼。我们常会碰到一些疑心很重的学生，他们整天疑心重重，认为人人都不可信、不可交，最终导致自己整天闷闷不乐、郁郁寡欢。之前由于他们的头脑被封闭性思路所主宰，会觉得猜疑顺理成章，后来一切豁然开朗之时，又觉得自己荒谬可笑，错怪了别人。

这里，老师和你分享两个小故事吧。一是《三国演义》中的一段故事：曹操刺杀董卓败露后，与陈宫一起逃至吕伯奢家。曹吕两家是世交。吕伯奢一见曹操到来，本想杀一头猪款待他，可是曹操因听到磨刀之声，又听说要"缚而杀之"，便大起疑心，以为要杀自己，于是不问青红皂白，拔剑误杀无辜。这是一出由猜疑心理导致的悲剧。猜疑历来是人性的弱点之一，是害人害己的祸根，是卑鄙灵魂的伙伴。二是"邻人疑斧"的故事：邻人丢了斧子，老是怀疑邻居偷了他的斧子。而斧子最后在自己家中找到，邻人和邻居却成了敌对者。这个故事告诉我们，当你带着成见去观察世界时，必然会歪曲客观事物的原貌。对任何人或事物切忌先入为主，戴着有色眼镜看人，避免错误与偏差，以陷入认知的误区。想必这个道理你是懂的。

学习生活中，中学生往往易犯"邻人疑斧"的毛病而不自知。当自己得不到老师的赏识时，不考虑是由于自身的不努力等原因，而是怀疑同学说自己的坏话，所以学习不能更上一层楼；当自己不能与同学和平共处之时，不是反思自己修养不到家、不关心集体、不关爱他人，却老是在抱怨同学，所以同学一直在提高，你相对地又落后了一步。

为此，我认为要想摆脱现在的苦恼，在以后的人际交往中，你应尽可能地做到：

（1）学会沟通交流，让自己真诚起来。与其不断猜疑，不如积极主动地和老师沟通交流，了解自己在班里的真实状况、在老师和同学心里真正的位置；主动和妈妈交流，知道自己的真实不足。这样，彼此都坦诚相见、真诚相待。

（2）学会欣赏他人，让自己阳光起来。你的感觉，其实有时就是自己在一些方面不自信的表现，说明你或许真的在某些方面表现不是很好，所以应该好好反思一下自己，看到底存在什么问题，再用友善的目光观察同学，发现他们做得比你好的地方。这样，自己可以更加欣赏同学，变得阳光大气。

（3）学会求同存异，让自己宽容起来。人与人之间总是存在着差异，要客观认识自己与同学的区别，学会尊重他人的人格，相互包容，克服以自我为中心，以宽容、平等、合作的态度对待身边的人和事。

老师相信，你会逐渐少些猜疑，多些阳光；少些苦恼，多些快乐，加油！

你的朋友　张国强

认识自己

1. 我们都是被上帝咬了一口的苹果

【学生来信】

张老师：

您好！我是一名身体有缺陷的初中学生，1岁时因一场高烧头发全掉光。十几年来，父母带我跑了很多医院，一直不断地吃药，但头发就是长不出来。不管春夏秋冬，我都会戴上一顶帽子，也常被同学们指指点点，被调皮的男女同学戏弄。前几天上学时，几个调皮的男同学掀掉了我的帽子，并把我推到臭水沟里……现在，我对上学产生了恐惧，对生活失去信心，可是我还想上学。张老师，我该怎么办？

一个想得到您帮助的学生 晓 伟（化名）

【心理热线】

晓伟：

你好！读着你的来信，每一个字都震撼着我的心。我仿佛看见了你悲戚的双眼，听到了你委屈的心声，看见了你不戴帽子在街面上迎着众人异样的眼光前行，更感受到了这些年你内心的无奈。孩子，你受委屈了！

不过，你知道吗？大千世界，芸芸众生，我们都以不同的姿态生存于这个世界，美丽、丑陋、疾病、健康，这些都是我们生命的客观存在。这里，老师给你讲个故事吧！

　　克鲁斯从小就双目失明，小时候他还不知道失明的痛苦。稍大一点后，他明白了这个残酷的事实：他将永远看不到这个世界了。"上帝啊，你为什么要这样对我呢？难道我做错什么了吗？"克鲁斯常常这样问，"我看不见太阳，看不到小鸟、树木，看不见任何颜色，没有光明，我还能做什么呢？"克鲁斯的亲人、朋友以及很多好心人都经常来关怀他、照顾他。当他乘坐公共汽车时，经常有人为他让座；当他过马路时，会有人来搀扶他。但克鲁斯把这所有的一切都看成是别人对他的同情和怜悯，而他也不愿意一直这样被人同情和怜悯下去。直到有一天，一件事情彻底改变了他的看法。那是莱恩神父的一句话："世上的每个人都是被上帝咬过一口的苹果，都是有缺陷的。有的人缺陷之所以比较大，那是因为上帝特别喜爱他的芬芳。""我真的是被上帝咬过的苹果吗？"克鲁斯问莱恩神父。"不错，你是上帝咬过的苹果，你没有被遗弃。但是，上帝肯定不愿看到他喜爱的苹果在悲观失望中度过一生。"莱恩神父轻抚着克鲁斯的头答道。"谢谢神父，您让我找到了力量。"克鲁斯高兴地说。从此，克鲁斯把失明看作上帝对他的特殊关爱，振作起来。虽然眼睛看不到了，但是耳朵还可以听到，双手还可以感觉到啊！于是克鲁斯就去拜访一位盲人按摩师，请他教自己按摩的本领。由于克鲁斯勤奋苦练，几年后，他按摩的本领不但超过了老师，而且还钻研出一套非常受大家欢迎的新的按摩方法。后来，克鲁斯用自己的积蓄开了一家按摩店，光顾的客人越来越多，他自己都忙不过来了。于是他又招收了几个盲人徒弟。通过工作，克鲁斯不仅得到了大家的认可，而且还鼓励与他一样的盲人看到了生活的希望，振作起来，热情洋溢地投入新的生活。

　　是啊，我们每个人都是被上帝咬过一口的苹果，都是有缺陷的，只是程度不同而已。有的人缺陷比较大，是因为上帝特别喜欢他的芬芳。罗曼·罗兰曾这样评价贝多芬："世界不给予他欢乐，他却创造欢乐给予世界。"是的，当《欢乐颂》响起时，谁会将此曲与双耳失聪的贝多芬相联系？还有孙膑，当他打败了庞涓时，谁会想到这份智慧来自坐在轮车上的他？同时我也想到了金晶，当她誓死保护奥运火炬时，那爱国的精神依然是一个残疾女孩的厚积薄发！

　　你可能读过保尔·柯察金的故事、盲才女海伦的故事以及残疾人张海迪的故事，这些残疾人的状况比你要惨一百倍、一千倍，但他们没有被不幸打倒，而是选择了向命运抗争，走出了属于自己的一片天地。老师希望你也像他们一样，勇敢起来，要比他们活得更好。

请你记住：只要朝着阳光，便不会看见阴影；面对光明，阴影就在我们身后。加油！

你的朋友　张国强

2. 找准自己崇拜的明星

【学生来信】

张老师：

您好！我在追星，我喜欢的那个明星是歌星，但他并不像其他歌星那样只是长得好。我喜欢他是因为他艰辛成名的道路和发生在他身上那些感人的励志故事。他孝顺父母，尊重所有的人（包括骂他、对他有质疑的人），懂得感恩，努力上进。所以我支持他，欣赏他的精神，要像他那样做什么都努力！

张老师，您觉得追星好不好呢？

您的朋友　小芳（化名）

【心理热线】

小芳：

你好！看到你能追这么优秀的歌星，老师也为你高兴呢！希望你能从他身上学习到很多对自己有用的品质和精神，从而使自己更优秀！

追星是你们这一年龄段普遍存在的现象，中学生追星已经成为当今社会的一种普遍现象，崇拜偶像是青少年一种正常的心理表现。因此，你不要有什么顾虑。不过，不管你追什么星，或多或少都会影响你的学习、你的成长。尤其是当你对那一位明星达到痴迷程度时，可能会给你造成更大伤害！所以，你需要以沉着、冷静的方式看待追星，把追星的那股劲应用于对学习的执着，不要随波逐流。

关于追星，我想你应当努力做到：

（1）不盲目追星。你所崇拜的应该是真正值得你崇拜的，不应该是徒有其表，更应该有高尚的人品和超凡的气度；不应该仅仅吸引你的目光，更应该能震撼你的心灵。

（2）不疯狂追星。不要过度花费时间和钱在追星上。因为，"星"的光环并没有罩在你的身上，追星就没有什么可夸耀的，更不应该成为你生

128

活的全部，你正处在学习阶段，应把精力放在学习上，不应该把精力花在追星上。

（3）摒弃狭隘心态。你不能因为有了自己的偶像，就对别的同学持排斥甚至敌对的态度。

（4）善于吸收。善于从自己所崇拜的偶像身上汲取积极的人生经验，悟出他之所以成功的原因，总结出偶像走向成功的秘诀，并结合自身条件加以实践。

（5）更加关心身边的人。爸爸妈妈、爷爷奶奶，他们为你付出，应该把爱放在他们身上。

（6）摆正自己与明星的关系。要想到，你为明星付出，明星根本不认识你、不在乎你。不要在追星中迷失自己，因为你最终只能成为你自己！

所以，你要通过追星树立正确的价值观、人生观、世界观，保持清醒的头脑，把握好尺度，把迷恋他（她）的外在美转移到欣赏他（她）为事业努力奋斗的内在美，学习他（她）们的拼搏和开拓精神，积聚起一笔受用终身的财富。更要学习身边普通人的榜样，立志成为一个坚强有为的人。

找准自己崇拜的明星，加油！

你的朋友　张国强

3. 学会欣赏自己独特的美

【学生来信】

张老师：

您好！在《中学生报》上看到您对这么多同学提出的问题都热心地给予帮助，我很佩服您，同时也很想得到您的帮助。我现在也有一个烦恼：身为初二的学生，身高却只有145厘米，每当和同龄人一起走路时总觉得比别人矮一头，我心里很难受。尤其是站队和排位，每次必定是在最前面，这让我做任何事时总是感到比别人矮一头，没有任何信心，整天生活在消极的世界当中。张老师，我该怎么办？

一个渴盼帮助的男生　小　刚（化名）

【心理热线】

小刚：

你好！谢谢你对老师的信任。你信中所述，其实是由于你的身高给自己带来的一种自卑心理，它已经对你的身心健康造成不利的影响，老师也为你着急呢！进入青春期，同学们开始在意自己的体态和容貌，有人为自己个子矮而自卑，有人为长得丑而烦恼……

　　这里，老师给你讲个故事吧。有一天，一个神情沮丧的年轻人对古埃及著名学者尊南说："老师，我觉得自己什么事也干不好，没有人看重我，我该怎么办呢？"尊南说："孩子，我很同情你的遭遇，但不能帮你，因为我必须先处理好自己的问题。"尊南停顿了一会儿后说："如果你愿意帮我，我就可以很快处理好问题，然后也许就能帮你了。""好吧。"年轻人犹豫了一会儿后说。尊南微笑着取下手上的戒指交给年轻人说："你到集市上把这枚戒指卖了，因为我需要钱还债。换回的钱越多越好，但无论如何也不能少于1个金币。"年轻人看着他那肮脏的戒指，迟疑地说："不能少于1个金币？我不知道您的戒指能不能卖到这个价钱。""试试看，年轻人，说不定你做得到。"尊南说。年轻人到了集市，他问了许多人，包括布贩、菜贩、肉贩和鱼贩等，听到年轻人说戒指不能少于1个金币后，集市上的人有的哈哈大笑，有的说年轻人头脑发昏，只有一位慈祥的老太太告诉年轻人他要价太高了。年轻人穿过集市，到处兜售戒指，但没人肯出1个金币。年轻人垂头丧气地回来告诉尊南："老师，对不起，我没能达到你的要求，人们肯付出的最高价钱仅仅是一块银币。""年轻朋友，你说得太对了。"尊南笑着说，"你再去一趟珠宝店，没人比珠宝商更清楚它的价值了。你跟珠宝商说我要把戒指卖掉，问他能出多少钱，但不要真卖戒指，问完价格后你再把戒指带回来。"珠宝商仔细看了看戒指后说："告诉你老师，如果他想卖戒指，我最多可以给他1000个金币。""1000个金币！"年轻人惊呼。"对，"珠宝商说，"如果不着急的话，我可以出1200个金币，可是如果你着急脱手……"年轻人兴奋地跑回去，将发生的一切告诉尊南。尊南笑着说："市场上的商贩们只是根据外表出价，而金店老板却看到了戒指的真正价值。这就是你问题的答案：人的价值不在于他的外表，而在于他的独一无二的特质。你就像这枚戒指，珍贵、独一无二，只要你抓住机遇和超越自我，那么你就会高大无比，让世人仰视。"

　　听完这个故事，我想你一定会有所启发吧。是啊，每个人的生命都是独一无二的，每个人生命的独特性不仅表现在外貌、性格、兴趣、意志、技能等方面，而且在人生道路、实现人生价值的方式和途径等方面也呈现出多样性。法兰西大帝拿破仑身高不过151厘米，电影艺术家卓别林和中国改革开放的总设计师邓小平身高也只有160厘米，可他们都是赫赫有名的一代伟人，你为什么因只有145厘米而自卑呢？更何况人的个头高矮因各有自然禀赋，由不得自己选择，也容不得自己后悔。正因为如此，矮个子的拿破仑、卓别林等才因相信自己、努力拼搏而赢得了那么多人的尊敬，并载入史册！

所以你应该正确地认识和评价自己，发现自己的优势，学会欣赏自己独特的美，相信自己是独一无二的，是特点鲜明的，是别人无法代替的，学会以积极的心态接纳自己的形象，你同样会很优秀的，加油！

你的朋友　张国强

4. 学会拒绝，敢于说"不"

【学生来信】

张老师：

您好！我是一个性格内向的男生。在学校里，无论别人提出什么要求我都不敢拒绝，我有时觉得他们像是在欺负我。我不知道该怎么办，想拒绝又不敢说什么，只能让他们欺负。我记得有一次，有个"朋友"让我上课的时候离开座位帮她做事，我鼓起了很大的勇气才说："不行，上课呢。"下课后她就和我翻脸了，冷落我！我很怕这样，后来就慢慢不敢拒绝了，但我又不甘心总被人这样欺负下去。张老师，我该怎么办？我该怎样说"不"？

一个期待您指点迷津的男生　远航（化名）

【心理热线】

远航：

你好！读了你的来信，我可以想象出你在同学面前唯唯诺诺的样子，这是你缺乏自信和懦弱的表现。你怕拒绝同学会得罪同学，因为心理的恐惧使你变得唯唯诺诺！其实，你越忍让，别人就越变本加厉，你也会让人轻视，只有不卑不亢的人才会有尊严！你想要与同学维持一种好的人际关系，而人际交往是一种智慧，要掌握一些技巧，比如要学会不伤害别人的拒绝方法，所以拒绝是一种能力，是需要后天学习的。

（1）当同学向你提出请求时，首先想这件事是否可以不做，是否可以让其他适合的同学来做，所以不要立即答应，学会告诉对方："我考虑一下再说。"其次要考虑帮同学不能违背自己的原则，分清楚什么忙是可以帮的，什么事坚决不能做。

（2）如果一定要你帮忙，要想好怎样才能更好地完成，通盘考虑好以后，站在对方的角度提出建议，在拒绝自己不该做的事情的同时，也帮助对方找到更好的解决办法。

（3）帮忙也需要分不同的人。帮忙之前要想一下，对于那些找你帮忙觉得理所应当的人，一次两次也就罢了，长时间如此，怎么可以还不懂拒绝？因为你的不好意思，晚一天拒绝，就会多一天"理所应当"。

（4）千万也不要一味地拒绝。力所能及的事，别人开了口帮一下也无所谓，还可以增进别人对你的好感，加深朋友之间的感情。能帮到朋友尽量去帮，举手之劳，何乐而不为？

（5）学会"脸皮厚"一点。不要以为拒绝了别人就会伤到感情，其实如果是真朋友会体谅你的难处，不会影响两人的感情的。退一步说，如果对方真的因为你不肯帮忙而闹情绪，记得用笑脸来化解而非在原则上退让，用善意且良好的态度来坚持自己的原则，同时又能化干戈为玉帛。

花儿说："我拒绝了美丽，于是我在泥土中找到生命的真谛。"燕子说："我拒绝了南方的舒适，于是我在迁徙的旅途中找到生活的乐趣。"向日葵说："当我拒绝朝太阳转的时候，我才找到成熟的内涵。"学会拒绝，人生才会有无数道美丽的风景线，才会助你破解人生中的各种陷阱，不在人生路上跌倒；学会拒绝，敢于说"不"，为我们的心灵守候一片净土，为我们的生命迎接每一个美好的明天。

因此，想要长时间维持良好的同学关系，学会拒绝，敢于说"不"是十分必要的。也许有人认为，说"不"会令彼此间产生嫌隙，但智慧的回绝方式并不会伤害对方。要想保持良好的人际关系，掌握一种既重视他人又重视自己的沟通方式显得尤为重要。

加油，你可以的！

你的朋友　张国强

07

第七辑

带上爱，向幸福出发

热爱学生是班主任最根本的核心素养

一、老师，你给了学生怎样的爱——由专家调查得到的启示

有专家在5所学校随机抽取了120名老师进行问卷调查，其中"你热爱学生吗"，90%以上的被调查者回答"是"。然后对120名教师所教的学生进行问卷调查："你体会到老师对你的爱吗？"回答"体会到"的仅占10%。

千万别对学生说"我都是为你好"！

要不断反思自己的言行，你认为对学生好的，学生不一定认可。比如说，有一粒米和一粒钻石，让鸡来选择，那它会选什么呢？你认为钻石好，可它不是鸡所需要的，再好又有什么用呢？所以，作为老师，要多与学生谈心与交心，走进他们的心灵，这样才能更好地教育学生。

二、爱，要让学生感觉得到

今天第六节课，我在301政治学科教室监督学生自习。虽然立秋多日，但下午的教室里还是感觉一点也不凉快，关键是没有风。我拿起一本书悄悄扇了起来。期间发现离我很近的嘉欣（化名）同学看了我两次，没说什么。我当时还很纳闷，她为什么要转脸呢？没过多久，她站了起来跟我请假，说要去教室外面的橱子里拿个东西。我说好。不一会儿，却看到她空手回来了，我当时就产生了疑问：她不会在骗我吧？忍不住问她："没找到？"她

笑着说拿来了，随即从口袋里拿出一个像玩具似的东西来，说："老师，给您。"我问是什么。"小电扇。"我的脑子这才转过来，原来她是给老师找电扇去了啊，真是个有心的学生！我连忙表示感谢。她说："老师，没什么，我只是想为老师做点事，让老师开心，因为刚才我迟到了，您没有发火批评我，而是悄悄问我迟到的原因，很感谢您！"

谁说我们的学生不懂事？谁说我们的学生不懂爱？其实我们的学生心里跟明镜似的，我对她迟到的宽容让她牢牢记在了心里，她心里记着老师对她的好，想着如何对老师好。所以，我一直认为，种下爱就会收获爱，爱会在相爱的人之间发芽、开花、结果。爱要让学生感觉出来，就像中央电视台《向幸福出发》栏目的口号那样：爱要大声唱出来！

面对今天的学生，老师的爱有哪些表现形式呢？通过哪些教育行为能够展现出来呢？我认为，热爱学生是一个老师最基本的核心素养，它就像一棵树的树干一样，在它的基础上会分出很多枝杈。

爱是尊重。你有没有尊重我们的学生？第一，你有没有做到平等对待每一个学生，尤其是班里的学困生和问题学生。第二，你有没有微笑着走进教室，有没有微笑着走近我们的学生……

爱是宽容。我们的学生一个个正在成长中，不犯错误是不可能的，也是不符合教育规律的。那么，怎样才能做到宽容呢？第一，要学会等待。每一个学生都是一朵花，每朵花都有不同的花开时间，所以有些学生会跟你说："我是菊花，为什么让我在春天开放呢？"第二，要学会放下、学会归零。不能揪着学生的小辫子不放，不能一直记着学生的缺点和错误，要多记着学生成长过程中那些美丽的瞬间！因此，作为一个老师，要努力做到让宽容流淌在心里。

爱是依恋。什么时候我们的学生开始对老师有了依恋感，对学习生活的教室有了依恋感的时候，我们的教育就离成功不远了。所以，我们要努力做到给学生一个向往班级的理由。那么，我们如何才能做到让学生依恋我们呢？第一，你有没有欣赏学生？第二，你有没有学会倾听学生讲话？第三，你有没有走进学生的心灵……

爱，有很多种践行方式，一起加油吧！

三、向幸福出发

有生命意义和价值的快乐与幸福，应当建立在事业的追求上。没有事业追求的基础，快乐就是无根的萍，幸福就是飘零的叶，终究只是一时之欢，难得长久。

美国著名绘本作家谢尔·希尔费讲过一个故事，说的是有一个圆缺了一角，它很苦恼，于是出发去找缺了的一角，它一边走一边哼着歌。它缺了一角，走得很慢，却正好能与小虫说说话，闻闻花香。运气好的时候，蝴蝶会落在它身上。一路上它很快乐，后来它找到了一个与自己相匹配的角，它们合在一起，成了一个圆。圆滚起来很快，快得不能停下来和小虫说说话，也不能闻闻花香，更没有蝴蝶会停在它身上了。圆想了想，就把那个角放下了，继续走自己的追寻之路。

人生的幸福来自对梦想永不满足的追求。一旦满足，什么也不缺，成了一个"圆"，空虚便随之袭来。所有的空虚都来自内心的虚空，所有的虚空来自心灵的缺口。人最可怕的是精神的空虚和麻木。一个老师如果有这种空虚，他就不能以饱满的精神屹立于人间，就无法引领学生追寻人生真正的幸福。永远在心中藏着一个追求的梦想，永远有一个高于现实的"乌托邦"，那是有意义的、快乐的心灵源泉，每一个教育者都应该有这样一个梦想。

追寻教育的梦想，就是追寻教育的幸福。没有梦想的人生是灰色的人生，没有梦想的教育是黑色的教育，没有梦想的老师是可怜的"口力劳动者"。现实与梦想之间必须有一把梯子，这把梯子叫作行动。教育不仅需要有想法的老师，更需要把想法变成现实的老师！

四、要有积极心态

不是所有的爱恋都能永相随，不是所有的爱慕都能永相伴，不是所有的爱情都能"愿得一人心，白首不分离"。人生，就是一边拥有一边失去，一边选择一边放弃。人生，哪有事事顺心；生活，哪有事事如意。人人都想过幸福快乐的生活，而幸福快乐只是一种感觉，与贫富无关，同内心相连。

一个人的视力有两种功能：一是向外去，无限宽广拓展世界；一是向内来，无限深刻发现内心。我们的眼睛，总是看外界太多，看心灵太少。

《论语》告诉了我们快乐的秘诀：子曰："贤哉回也，一箪食，一瓢饮，在陋巷，人不堪其忧，回也不改其乐。贤哉回也。"颜回真正让人敬佩的，并不是他能忍受这么艰苦的生活境遇，而是他的生活态度。当所有人都以这种生活为苦、哀叹抱怨的时候，颜回却不改他乐观的生活态度。只有真正的贤者，才能不被物质生活所累，才能始终保持心境的那份恬淡和安宁！孔子周游列国，历时十余年，行程数千里，历经艰难险阻，四处碰壁，可他依然自信坚定，毫不动摇。最可歌可泣的是，困于陈蔡时，弟子又饿又病，孔子面有菜色，但他依然讲学论道，弦歌之音不绝。

"生活没有固定模式，应该像阳光一样开发。"当职业倦怠一次次向我们袭来时，我们真的需要改变自己的思维方式，给自己的心一个呼吸的空间。李镇西老师也意味深长地讲道："如果对职业不满意，只有两个选择，要么改变职业，要么改变职业心态。既然我们多数人都不可能改变职业，那么我们改变自己的心态吧！"每一个人都有各自的盲点，也有各自的优势，要学会突破自我的局限，开发自身潜藏的能力，通过心态改变我们的生活。

积极的人像太阳，照到哪里哪里亮；消极的人像月亮，初一十五不一样。爱默生说："对于不同的头脑，同一个世界可以是地狱，也可以是天堂。"其实，关键在一种心态、一种观念。一位老师怎样看待学生，在很大程度上决定了他的心态。有人说："老师把学生看作天使，他便生活在天堂里；把学生看作魔鬼，他便生活在地狱中。"我对这句话体会很深。当每个人做着自己感觉快乐的事，就会以饱满的热情投入其中，他的心理潜能便会被激发出来，他的才能便能很好地发挥出来。只有幸福的老师才能培养、造就幸福的学生，只有快乐的老师才能让学生快乐、健康地成长，只有追求自我发展的老师才能引领学生创造精彩的未来。

五、阳光学生评价

常常地想

学生评价

每个学期都感觉那么难

可是可是我

总到最后

绞尽脑汁也会编完

但我无法无法再现

学生的精彩点滴瞬间

于是我就想何时才能

洋洋洒洒下笔千言

都说那学生评价包括优缺点

可是我只想把你那优点赞

欣赏过许多用爱用心的温暖

还是想看看你

曾经纯真的笑脸

一直这么想

学生评价

爱才会让学生露出笑脸

这是我根据《笑脸》歌曲改编的关于学生评价的教育歌曲。在现实的教育生活中，学生评价关乎着学生学习生活的前进方向、言行标准和成长心态，所以老师用什么尺子来评价，用什么标准、什么方式和方法就显得尤为重要。但是无论怎样评价，热爱学生、一切为了学生、爱心施于全体、不让一生掉队、一个都不少地接受老师提供的最好的教育，是老师的必然选择！爱一定会让学生露出笑脸。

六、怎么说学生才会听——一则案例引发的思考

课间时，我把勇哥喊到办公室，和其谈心，一开始还比较顺畅，可是当我说出"别影响老师上课"这句话时，他好像很敏感，立即就追问我："老师，你说的什么？你什么意思？"我猛地感觉，这句话似乎是说他已影响了老师上课，看来我要惹火他！不行，可不能这样，我可不能让他抓住我话语的不严谨！"老师只是想让你严格要求自己，不好吗？严格要求没错啊？你看我现在还严格要求自己呢！"听着我说的话，他也没有再说什么，因为我的"严格要求自己"这句话意思已很明显，没有说他以前有什么错，而是让他好上加好！

我从此次对话中反思了一下，原来和这样的学生交流要小心翼翼的，否则就可能引发一场舌战！幸亏我反应比较快，才避免了一些不愉快，真悬

啊！那老师应该怎样说，学生才会听呢？

心理学认为，认同心理效应是指人们在情感及认知方面对事件所要表达的意义的认同程度，明显地影响他们对这一事件的评价、态度和行为，即心理认同制约人们对特定事件的态度和行为。例如老师上课时提问学生，如果学生认为是老师器重自己才让自己起来回答问题，就会以积极的态度配合教师；如果学生认为是老师惩罚自己、出自己的洋相才让自己起来回答问题的，就会以消极的态度对待老师的提问。如我在"课堂提问，有人欢喜有人忧"中提到的那位女孩的烦恼：上午四节课被提问了四次！

怎么说学生才会听，其实也是师生之间是否能有效沟通需要解决的一个重要课题。围绕它，我在自己的教育实践中不断进行着创新探索。

1. 我手写我心

即把自己想和学生说的话，写成心灵日记或随笔，然后读给他听。这样，往往能收到良好的效果。

排位之后

新学期第一次班会后，我把各团队的位置告诉了学生，还包括面对面坐的形式。可真排起来，却遇到了不少尴尬。排位，其实是在一种不是很愉悦的气氛中慢慢接近尾声的。无论我怎样排，出发点都是为了每一个学生！可众口难调：55个孩子，55种想法……排完位的感觉，就像吃了一个青苹果，又涩又苦，真的有一种很无奈的感觉！我静静地思索着，我该如何做好排位的后续工作呢？

在第二天的后续班会上，我专门给学生读自己的"主教练日记"，边读边观察学生的表情，可以感觉到日记在他们的心里荡起了不小的涟漪！我要学生知道老师在做什么，这样做后学生有什么反应，而我又有什么感悟，要让学生懂我，懂我的这颗挚爱他们的心。随即就昨天的排位一事和学生交流，把我的真实想法告诉他们："排位后，为什么有不少学生做出了不同的反应？其实就是你们以自我为中心！而老师呢？我面对的是55位学生，是从班级整体来考虑的，就像下棋一样，我得考虑全盘棋。而你们只是考虑自己那颗棋子该在哪儿！所以才会有排位后不和谐的音符！"学生开始沉默了！我即兴送给学生一句话："接受你无法改变的事情，改变你可以改变的事情。"并且让每位主管记住：在现有人员的基础上，思考如何让自己的团队更优秀，而不是考虑怎样调换同学，怎样把别的团队的尖子生挖过来！

文清（化名）在"跨栏日记"中写道："本身还对调位的事很纠结，不过听了老师在课上的话，瞬间开朗了许多。是啊，我们每个人先想的何尝不是自己啊！调位，我们已经开始慢慢适应了，果然小组内交流更方便了，也更能培养我们之间的合作与团结精神，也希望全班同学都赶快适应。"

文清：

你好！谢谢你对老师的理解！能善意地理解老师的良苦用心，我很欣慰！不少方面，老师还需要你强有力的支持和帮助，为了我们"跨栏军团"，真心希望你能多提好建议，好吗？加油！

由此可以看出，学生对老师这种心灵上的交流还是比较认同的，也比较容易接受。所以，老师这样说，学生是可以听的！

2. 给学生讲教育故事，让学生在故事中感悟、明理、认同

如同样是因为排位问题，我就采取了另一种方式，即当曲阜电视台记者对我进行采访时，我给学生讲了《成功者自救》的故事：

有个人在屋檐下躲雨，看见观音正撑伞走过。这人说："观音菩萨，普度一下众生吧，带我一段如何？"观音说："我在雨里，你在檐下，而檐下无雨，你不需要我度。"这人立刻跳出檐下，站在雨中说："现在我也在雨中了，该度我了吧？"观音说："你在雨中，我也在雨中。我不被淋，因为有伞；你被雨淋，因为无伞。所以，不是我度自己，而是伞度我。你要想度，不必找我，请自找伞去！"说完便走了。

第二天，这人遇到了难事，便去寺庙里求观音。走进庙里，发现观音的像前也有一个人在拜，那个人长得和观音一模一样，丝毫不差。这人问："你是观音吗？"那人答道："我正是观音。"这人疑惑地问："那你为何还拜自己？"观音笑道："我也遇到了难事，但我知道，求人不如求己。"

成功者自救。也就是说，在困难与挫折面前，我们不能一味地去求别人的帮助或依赖他人的援助，而要以积极的态度应对，既要树立战胜困难的信心和勇气，又要运用智慧寻找战胜困难的良策，以主动的姿态、得力的措施、有效的方法克难攻坚、转危为安、走向成功。

所以，我给学生讲这个故事是让他们明白"求人不如求己"，更是就学生都愿意挨着好学生这一排位问题进行教育。其实《论语》中也有"君子求诸己，小人求诸人"。

怎么说学生才会听，其实也是师生之间能否有效沟通需要解决的一个重要课题。围绕它，我在自己的教育实践中不断进行着创新探索。

这样做，学生可能会比较容易听进去，不妨一试：把自己想说的话写成心灵日记或随笔，然后读给学生听，如《花盆坏了后》《排位之后》；迂回曲折，先不直接说正题，而是由他感兴趣的话题或他的闪光点说起；注意交流的时间、地点、氛围；读家长给孩子的信；先以一个好孩子的标准定位他；尽可能别当着众人的面批评，最大限度地维护其自尊心；学会共情，接纳学生现有的情绪，表示对学生的尊重，对学生当前的状态表示好奇和关心，引导学生倾诉，在学生倾诉的时候专注地倾听，当不解时进行适当的提问；触及学生心灵。每个学生内心都有一扇门，只要找到进入学生内心的那把钥匙和通道，奇迹就会发生。

七、班会，要让学生翘首以盼

1. 这样的班会课，学生会喜欢——观摩市直学校主题班会展评课有感

近期，应市教育局思政德育处邀请，我有幸观摩了市直学校的主题班会课展评活动，感触颇深，从而对于一堂好的班会课有了更高层次的认识，对于学生喜欢什么样的班会课有了更深层次的理解。

一堂好的主题班会，一般要看主题选择是否具有针对性、时代性和前瞻性，教育目标是否具有明确性、适切性，教学设计是否具有合理性、科学性、主体性，教育过程是否具有生动性、恰当性，教育效果是否具有达成性、发展性等。因此，这样的班会课，我想学生会喜欢。

（1）学生感觉离自己很近的班会。

什么样的班会才可以让学生感觉离自己很近呢？一是班会的主题确定，班主任要根据学生的需要确定班会的主题。就像习近平总书记说的，人民的需要就是党的奋斗目标。学生的需要，就是教育的目标。班会是班主任对学生进行团队教育的重要阵地。学生共性的问题，就要拿到班会上来，大家一起参与、一起讨论、一起分析、一起找到解决的办法、一起确定解决措施。学生需要的才是最好的。所以班会的主题选择要紧密结合班级学生的生理和心理特点，依据学生存在的不利于其学习成长的有关方面确定。

（2）学生可以充分参与的班会。

一堂班会课，如果有些学生一次展示的机会都没有，甚至在小组合作中只是一个旁观者，可以想象，这样的班会课很难收到全面育人的效果！所以，无论从班会的课前准备，如课前编排节目、收集材料，还是班会的整个过程，如学生主持人、合作探究、头脑风暴、角色扮演，自始至终，学生都可以感到自己是班会课的主角，这样才会感到班会和自己有密切关系，才会不由自主地进入角色，积极主动地进行课堂展示，才会在展示中受到教育，从而不断进行自我教育，收到意想不到的效果。

（3）学生有成就感、有幸福感的班会。

我们的班会课应该是一开始就让学生充满期待的。我不由得想起，原来带班的时候，每到周一，从上午学生就会问："老师，今天的班会还上不？"我问有什么问题？学生却说，没有问题，只是想上班会而已。一堂在学生期待中开始的班会，无疑迈开了让学生获得幸福感的重要一步。因此也给了班主任不少思考：我们应该给学生一节怎样的班会课？我们要在班会课上对学生进行情感教育，在活动中体验，在体验中升华情感；让学生在班会课上进行充分展示，有小主人的感觉；让学生在班会课上有小成功的体验，有小幸福的美好感。

（4）学生体会到老师真爱的班会。

中央电视台《向幸福出发》栏目的口号就是"向幸福出发，爱要大声唱出来"。所以，只有当我们的爱在班会课上可以让学生充分感受、充分体验的时候，当我们聆听花开的声音的时候，才会听到学生心灵的呼唤，才会体会到学生的真情实感。因此，在班会课上，我们要学会用微笑面对学生，用微笑传递文明，以宽容的心态来看待学生的不良表现以及他们看似很幼稚甚至很另类的答案。善待我们的学生，因为善待他们，就是善待我们自己。以鼓励的眼神来激励学生，使学生渐渐向正确的方向、正确的方法、正确的轨道靠近。这样，学生才会向我们靠近。而走近学生是我们走进学生心灵的唯一途径。

每一次的学习，都会给我不一样的感受，都会让我有不一样的体验，都会让我感觉更需要学习，都会让我感觉更需要成长。只是，我现在更清晰做教育的根本之一，那就是所有的学习和成长都不要偏离学生的需要！学生的需要，才是教育的出发点！

2. 我们需要这样的主题班会——观摩崂山区主题班会有感

周末应崂山区邀请，我有幸观摩学习了崂山区的精品主题班会，感触颇深。班会课特色各异、主题鲜明、设计精美，师生共同成长，感觉像是享受一场色香味俱佳的精神盛宴，让人回味无穷！本次主题班会展评主要有以下亮点。

（1）主题鲜明，时代感强。

从感恩教育到励志教育，从常规教育到生命教育，从自信教育到自强教育，从垃圾分类到环境教育，从情绪调节到心理健康教育，从构建班集体到共筑未来，一个个鲜活的主题，点缀着这场精神盛宴。

（2）学生参与度高，注重体验式教育。

纵观所有的班会课，学生参与度还是很高的。从学生当主持人到师生互动，再到学生参与的各种展示，学生大都得到了不同程度的展示，在活动中体验，在体验中升华，积极上进的美好情感得到了升华。

（3）学生精彩，课堂精彩。

我们班会课的目的是对学生进行教育，所以学生是课堂的主人、课堂的主角。只有学生真正融入了班会课，真正进入了角色，班会才会收到良好的效果，甚至是收获惊喜。

（4）班主任在学生主持人的班会中表现不错。

本次班会中，班主任的良好表现也是一大亮点。班主任没有只在开头和结束时短暂露面，而是给我了很多惊喜和感动。那么，班主任在学生主持人主持的班会上到底该扮演一种什么样的角色呢？班主任在学生主持的班会上不可能是"大撒把"。我一直认为，班主任应是一位积极参与者。那么，班主任应该怎样参与到班会中来呢？我们不妨尝试以下一些方式：

① 闪亮登场。班主任的闪亮登场会给整节班会课营造一种美好的情景。班主任的精彩导入，一定会给整节课润色不少，从一定程度上调动学生的积极性，同时也会引起学生参与班会的极大兴趣。

② 积极参与。在班会设计的板块中，班主任完全可以以一名普通学生的身份加入回答问题或表演中来。班主任不仅是导演，也可以是演员。老师的精彩表演，无疑会给班会和学生带来更大的惊喜！同时还会加深与同学们之间的感情，何乐而不为呢？

③ 友情客串。在班会设计的一些栏目中，班主任可以友情客串一下，

用自己的幽默与才艺烘托一下活动的气氛。

④ 及时纠错。当学生主持人出现知识性错误或者有些问题不能解决、面临尴尬时，班主任应该挺身而出，勇敢站出来为学生主持人分忧解难。这样既能挽回学生主持人的面子，尽可能不影响班会的进程，又能以实际行动证明老师是他们的坚强后盾，无疑会增强他们主持的信心和力量。

⑤ 精彩总结。班主任的总结会起到画龙点睛的作用。在班会结束时，班主任要及时站起来对本节班会课进行全面的总结和点评，不仅要概括总结本节课学到了哪些知识，提高了哪些能力，还存在哪些问题与不足，同时还应对学生主持人的主持给予肯定性的评价。

其实，班主任首先应该是班会的引导者，应该充分发挥自己的主导作用。那么，在班主任决定让学生来主持班会时，班主任的主导作用更多地应体现在对本次主题班会的整体设计上。到底开成什么样的班会、班会的走向、班会的宏观把握的主动权应在班主任手里。所以，对于班主任来说，要想开好一次班会，课前的设计和准备非常重要。一节班会课设计了哪些环节、每一个环节大约需要多少时间、整体需要多少时间，如果说需要多少环节和每个环节需要的时间已经胸有成竹，那就不会出现提前20分钟下课，也不会再找"学生主持得快"等一些"美丽"的借口了。

当然，在班会的召开过程中，班主任应随时观察整个班会的进程是否按照最初的设计进行，如有知识性错误应及时给予纠正。在班会课真的提前结束的情况下，要运用班主任的教育智慧，想方设法设计一些补救的环节或措施来弥补班会的缺憾。

学习着、感悟着、惊喜着、成长着……主题班会，师生共同成长的主阵地，期待更多、更好的主题班会呈现，一起见证美好的成长。

八、建立师生共同成长的方式

"请张老师为青年教师开讲，有一个重要的希望就是，人和人性别可以不同、年龄可以不同、环境可以不同，但是一定要建立自己和学生共同的成长方式！这是作为教师尤其是班主任的一个教育砝码。张老师所有的案例都是和学生一起的、共同的，他们在共同经历、共同成长。无论是日记还是班歌、班会……看上去那些有点傻的付出却是为自己的职业幸福储蓄了第一桶金。学生需要，老师更需要。离开了学生，老师的意义不在。建立了师生共同的成长方式，师生变成了相互陪伴者，相互激励、相互帮扶，一起成长为心中想成为的样子！张老师是幸福的，这样的老师是幸福的！我们都要做这样的老师！"山东省十大创新校长董春玲如是说。

和学生共读一本书，不失为一个很好的成长方式。师生在书的陪伴中，畅游在书的海洋里，溢满着书香，浸润着心灵，一起奔向有诗和远方的彼岸。

和学生一起写随笔，也是师生共同成长的一种好方式。"跨栏日记"是我带"跨栏班"时，我和学生一起经历、一起走过、共同书写的教育传奇！那一年，我们书写了70多万字的成长日记，师生相互陪伴、相互倾听、相互激励。

九、成长自己，提升教育的幸福能力

1. 我们该如何育己——由《中国教育报》的一篇书评谈起

《中国教育报》刊登了广东省深圳市福田区荔轩小学蒋秀华老师就著名特级教师任勇老师的新著《你能成为最好的数学教师》写的一篇书评。书评中这样写道：

教书育人是教师的职责。优秀教师之所以优秀，一个非常重要的原因就是，他们在育人的同时，还在孜孜不倦地"育己"，即主动学习、寻求发展。教师如何"育己"呢？

首先，精通所教的学科，了解本学科的前沿动态。苏联教育家加里宁曾说："教师应该首先精通他所教的学科，不懂得这一门学科或对这一门学科知道得不是很好，那么他在教学上就不会有成绩。"

其次，关注课堂教学的全过程，钻研教育教学理论，让自己越来越专业。如果不能让自己更专业，就无法成为优秀教师，只能沦为教书匠。

再次是博学，广泛汲取各方面的知识，积极培养和发展个人的兴趣、特长。

在这本书里，任勇老师结合自己的成长历程和对名师特征的研究，亲切地告诉读者：你能成为最好的老师！道路就在眼前：主动学习，不断地将学习的收获运用于教学实践，开展教育科研，并在实践、科研中反思，通过反思改进和提升。如此循环往复、螺旋上升，逐步接近最优的教育。

是的，对于我们老师来说，育己同样重要，只有育好自己，我们才能更好地育人。在我看来，要想育好自己，还要从以下几方面思考和探究：

（1）关注和提高自己的心理健康素质，以应对学生日益出现的心理问题。如果老师的心理都存在问题，那怎么还能教育出心理素质好的学生呢？所以，对于老师来说，首先要保证自己是一个心理健康的人，这就要求老师要积极、健康、向上，努力从各方面提高自己的心理素质。

（2）要提升自己的教育境界，努力做到更高、更宽、更广，让学生飞得更高、更远。老师担负着教书育人的重要任务，教育理念在很大程度上决定了教育行为。老师的教育境界决定着学生成长空间的大小，决定着学生能否飞得更高、更远。从梅洪建老师和郑立平老师的对话里，我又读到了令我思考和探究的教育话题——老师的教育境界问题。那么，老师的教育境界是指什么呢？

我想，教育的第一种境界是教育是一种职业，把教育当作谋生的手段，当作养家糊口的方式。在这样一种教育境界下，老师的工作是很机械的，是简单重复的，教育就是为了完成任务。只要完成教学任务，老师就万事大吉了。这应该是老师的最低境界。

教育的第二种境界是关注学生的生命教育，关注学生的健康成长，关注学生的终身发展。在这样一种教育境界下，老师的教育应该是富有人性化的，以学生为本，把学生当作学习的主人，把每一个学生都看作一道亮丽的风景线，把学生当作成长发展中的人，所以犯错误也是可以原谅的。教育学生要志存高远、追求卓越、淡泊名利，过一种幸福完整的教育生活。

（3）要多读书、读好书、读经典，不断提升自己的文化品位，厚实自己的文化底蕴。多读书、读好书、好读书，让读书成为自己的生活方式，牢记把我们的"蓄电池"充满，这样才更有信心冲上教育的最前线，行走在教育的最前沿！

2. 互助与反思助力新时代教师专业成长

2019年初，中共中央、国务院出台了《关于全面深化新时代教师队伍建设改革的意见》（以下简称《意见》），就有关教师队伍建设的诸多方面进行了全面阐释，其中提到，到2035年，教师综合素质、专业化水平和创新能力大幅提升，培养造就数以百万计的骨干教师和数以十万计的卓越教师和数以万计的教育家型教师。建设好教师队伍，实现建设目标，提升教师的专业化水平，教师的专业成长无疑摆在了我们的面前。

新时代下的教师专业成长是很重要的。一是教师专业成长可以更好地落实责任担当。那么，新时代下的教师有哪些责任担当呢？《意见》凸显了教师职业的公共属性，强化教师承担的国家使命和公共教育服务的职责，确立公办中小学教师作为国家公职人员特殊的法律地位，明确中小学教师的权利和义务，强化保障和管理。公办中小学教师要切实履行作为国家公职人员的义务，强化国家责任、政治责任、社会责任和教育责任。二是教师专业成长是做一个好教师的必然要求。好教师就像一本书，越翻越想翻。怎样才能做一个好教师呢？那就要关注教师的专业成长，多读有关教育类书籍，拓宽自己的知识面，丰富自己的文化内涵，厚重自己的文化底蕴。三是教师专业成长是满足人民日益增长的美好生活需要的重要举措。公平而有质量的教育成为人民美好生活需要的基础前提，所以要进一步加强教师队伍建设，努力取得新时代教师队伍建设的新成效，不断满足人民日益增长的美好生活需要。

新时代教师专业成长的困境。作为一线教师的我，最清楚影响专业成长的诸多因素，最清楚专业成长的诸多困境。比如由于评优选先、考核评价等种种原因导致一些教师不关注专业成长、不愿意专业成长，积极性不高，混日子的现象仍然存在；教师的日常性事务较多，尤其是班主任职称评聘的现实存在，从不同程度打击了一些教师前行的积极性，助长了其工作的懒惰，丧失了前进的动力。目前的教育现状下，教师找不到进行专业成长的较好的途径和方式方法，外出参加各种培训不能虚心学习，不能引发自己的思考，无法与自己的工作很好对接，没有产生很好的辐射作用，等等。

新时代教师专业成长的突围。自己主动成长是教师专业成长的根本前提。一个鸡蛋从外到内打破是食物，从内到外打破是生命。教师的专业成长来自教师自己本身的成长需求。而现实是，许多教师自己本身没有这种需求，所以要激活其成长欲望，激发其内在潜力。德国诗人胡腾有一句诗："心灵觉醒了，活着便是件快乐的事。"我们可以这样说："教师的成长意识觉醒了，教书育人便是件快乐的事。"因为只有个人成长意识觉醒了，才会有教育理念的重新启蒙，所有上面这些外在路径的终端，才会指向专业发展的根本——教师的内隐理论和个人的教育哲学：以研究的心态做教师，不满足于一般的授课，在自己的心中对于什么是有灵魂的教育、什么教育能指向一个更好的或更幸福的未来、什么知识最有价值等问题有一个基本的判断。

专业引领和同伴互助是教师专业成长的重要条件和有效方法。所以，创建一个教育团队或者工作室，同行一起成长是不错的选择。青岛市普通中小学首批名班主任工作室的建立就是一个很好的例子。在全市中小学层层选拔出优秀的教师来做主持人，然后在全市学校中挑选一些有想法、有一定基础、可培养性强的教师组建名班主任工作室，主持人专业引领，同行互帮互助，彼此牵手，一起成长。又如我们的网上研修，效果就挺不错。两周一次的网上研修，围绕教师平常教育生活中遇见的问题进行讨论，伙伴们集思广益、献言献策，每个人轮流做主持人、做美篇，两个小时的时间不知不觉在指缝中悄然而过，在我们彼此的思维碰撞中留下美好的印记。

教育教学反思和行动研究是教师专业成长的必经之路和基本途径。华东师范大学叶澜教授给出了一个教师成长的途径，她说："一个教师写一辈子教案不一定成为名师，如果一个教师写三年教学反思，就有可能成为名师。"新教育实验发起人朱永新教授直接开出了一张保单，他说："我开一个保险公司。投保条件是：教师每日三省吾身，写千字文一篇，一天所见、所闻、所读、所思无不可入文。理赔方式是：如投保方10年后未能跻身名师之列，公司愿以一赔百。"可是在现实教育中，又有几个老师真正做到了呢？微乎其微！所有的教育教学反思都应建立在自己的教育教学实践上，所以行动研究是教师专业成长的基本途径。其中，课题研究就是教师专业成长的有效载体。课题是什么？好多教师感到很困惑，其实课题即问题。在教育教学实践过程中，肯定会或多或少遇到各种各样的问题，使我们无法进行有效甚至高效的教育教学，就可以以此为研究课题。比如，如何走进学生心灵的问题，好多老师都不同程度地认为很难走进学生的心灵。于是我进行了这方面的研究，在我带"跨栏班"时，和学生一起写"跨栏日记"，也就是成长日记，师生相互陪伴、相互倾听、相互激励，一起"跨栏"的日子，让我"一不小心"走进了学生的心灵，取得了良好的效果。

新时代下，作为一线教师，应该创新成长思维，践行新理念，拓宽新途径，更好地进行教师专业成长。教师的专业成长得越好，在岗位上就越有幸福感，在事业上就越有成就感，在社会上就越有荣誉感，教师才会真正成为让人羡慕的职业，才会更好地担当责任，助推中华民族伟大复兴梦顺利实现。

喜欢自己做的事就快乐，做自己喜欢的事就幸福。在教育这片平凡的土地上，到处都可以收获一枚神奇的果实，它的名字就叫"幸福"。"有些种子，注定发不了芽，因为耐不住寂寞；有些芽儿，注定开不了花，因为抗不住挫折；有些花儿，注定结不了果，因为经不住诱惑。只有那些傻乎乎地在教育土地上自得其乐的人，才能拥抱梦想，品味幸福。"全国名班郑立平老师如是说。

因此，教育可以做出幸福的味道来。

让我们彼此成全、互相帮扶，一起遇见幸福吧！

后 记

今年（2020年）是我做教育整30年，仅以此书出版作为纪念。

我做教育的第一个10年是在农村度过的。1990年开始，我在农村学校当老师，一做就是10年。那10年，我曾经认为是我教育作为不是很多的10年。那时在农村学校里教书，普通话都不用说，没有人关注教师的专业成长，没有人引领发展，业余生活几乎是在棋牌等一些简单娱乐方式中度过的。那10年，可以拿得出手的荣誉，最高也就是镇级优秀教师和先进教育工作者，县城的荣誉只能是可望而不可即。

2000年，我做教育的第10个年头，有幸通过考选进入曲阜市实验中学教书，开始在班级管理上有了新的想法，想在班主任方面做出点成绩来。由此，我开始在班级管理上进行各种探索，创新实践、外出取经、走近名师、交流展示、反思写作。直到2010年，我做教育的第二个10年末，我出版了第一部教育专著《心会随爱一起走》，参加北京举办的全国中小学主题班会展评并获奖。2011年，我被评为曲阜名师，并接受曲阜电视台专访。2012年，可以说是我教育人生的丰收之年。这一年，我出版了第二部教育专著《聆听花开的声音》，被评为济宁市优秀班主任、济宁市特级教师，最可喜的是荣获了山东省2012年度十大教育创新人物，被评为全国百佳班主任，接受了济宁市电视台专访。用当时我们校长的话说，算是厚积薄发了。"激情九班"（张国强班）、"励志号动车组"、"跨栏军团"等品牌班级，就是在这期间我和学生用爱、用心、用情、用坚守铸造出来的。

2013年，适逢北京师范大学青岛附属学校从全国引进教师，于是经朋友引荐，结识校长，分享教育后，我顺利调入青岛工作，从而开启了我人生又一段教育之旅。随即有了"海尔班""钱学森班"等品牌班级，被聘为城阳区首届名班主任工作室首席专家、青岛市首批名班主任工作室主持人，开始践行初小衔接，为城阳区的家长做公益讲座，被评为山东省优秀班主任，并接受青岛市电视台专访，开始践行目标更高、更有意义、更有味道的教育之路。

2020年初，我做教育的第三个10年，开始策划出版《教育，可以做出幸福的味道来》一书，主要是根据目前现实教育中不少中小学教师存在的教育倦怠状况，依据自己多年的教育践行和思考，从建立师生共同成长的方式、走进学生心灵、坚信"我心无后进生"、给学生留一片叶子、让阳光拐个弯、让宽容流淌在心里、点击教育的快乐频道、和学生一起书写教育幸福的传奇、构建学生成长共同体、孕育家校合作浓浓绿荫、一起走过花季雨季等方面，分享教育要用爱育人、用心施教，点亮每个学生成长的希望，从而过一种幸福完整的教育生活。

本书主要面向中小学教师，尤其是班主任。书中动态班级文化建设、企业文化融入班级管理、走进学生心灵、问题学生教育转化、如何更好地与问题学生家长交往、如何站在烦恼里仰望幸福等，都是我多年独到的教育创新。相信读者读后，教育的方向会更清晰，再看教育会有豁然开朗的感觉，做教育的幸福感也会油然而生。

品味着教育如此幸福的味道，感谢、感激和感恩陶继新老师、孙元涛老师、班华老师、迟希新老师为我写书序或推荐付出的辛劳并给予我这么多的鼓励！感恩30年来，在教育之旅中给予过我指导、帮助和关爱的所有朋友，感恩一路走来不离不弃、相濡以沫的家人和亲人们。

回首教育30年，一切还历历在目，尤其念念不忘自己所经营的问题班级和后进生教育转化经历，不能忘怀那些和学生在一起的幸福时光。无论哪一个阶段，我感觉自己一直在努力、一直在爬坡，不敢有任何松懈！30年过去，弹指一挥间。匆匆30年，已变成我人生中永恒的记忆，也成为我教育生涯中美好的回忆，更留下了我人生中一直努力的足迹，至今还激励着我朝着心中的诗和远方继续向前、向前、向前……

既然选择了天空，那就学会享受飞翔；既然选择了远方，那就开始风雨兼程；既然做了教育，那就用心品味教育的幸福！

后记

151